超習慣術

短期間で〝よい習慣〟が身につき、
人生が思い通りになる！

メンタリスト
DaiGo

はじめに　習慣づくりは簡単だ！

生まれてから28年間、運動経験いっさいなし！

肥満児で、腕立て伏せもわずか1回しかできなかった私ですが、いまは腕立て伏せよりはるかに難易度が高いバーピー（バーピージャンプ）を毎日こなしています。バーピーとはスクワット、腕立て伏せ、ジャンプを一連の流れで行なうトレーニング方法で、なかなか過酷なものです。

腹筋も割れています。

どうしてそうなったかといえば、**運動を習慣化できたから**です。

運動だけでなく、勉強、仕事、ダイエットなどなんでもそうですが、人は何かの目標があったとき、「そのためにどうすればいいか」を考え、必要な要素を習慣にして行なっていこうと考えます。そしてそれを実行できれば目標を達成でき、思ったとおりの結果を手にすることができます。

目標が2つ3つとあるなら、それぞれをかなえるために必要なことを習慣化して、すべて実行できれば、人生を自分の思いどおりにすることも可能になります。

ですが、「三日坊主」という言葉があるように、必要なことを習慣化しようとしながら挫折する経験を繰り返し、自分に日課のようなことは向かないとはじめからあきらめている人もいます。そういう人のほうがむしろ多数派なのではないでしょうか？

それではどうして、人は、やろうと思った行動をすぐにやめてしまうことを繰り返してしまうのでしょうか。

答えは簡単です。**習慣化のコツを知らないから**です。

習慣化には精神力が必要で、意志が弱い人間には無理だと考えている人も多いのですが、その認識がそもそも間違っています。

習慣化に必要なのは、意志の力ではなくテクニックです。

ノウハウさえ知っていれば、ほとんど無意識のうちに「良い習慣」を次々と身につけていけます。それによって人生を思いどおりにできるようになるのです。

習慣化するためのテクニックを知っているか知らないかで、人生は大きく左右されるといってもいいでしょう。

●習慣づくりに関する3つの誤解

ところで、なんでも三日坊主になってしまう人や習慣づくりが苦手な人は、習慣化のテクニックを知らないだけでなく、**「習慣づくりに関するウソ」に惑わされている部分が大きい**といえます。

誤った情報から形成されている思い込みです。それが習慣づくりのジャマをしてしまっているのです。

多くの人にとって習慣づくりのうえでネックになっているものに、次の「3つの誤解」があります。[1]

×誤解① 習慣づくりはつらい

×誤解② 自分の行動は自分の意志でコントロールしている

×誤解③ 習慣をつくるには強い意志力が必要

習慣づくりのテクニックを学ぶ前に、まずこれら3つの誤解がないかをチェックしてください。この誤解がなくなるだけで、習慣づくりのハードルがぐっと下がります。

×誤解① 習慣づくりはつらい

1つめの誤解は、習慣づくりはつらいことだという思い込みです。

習慣をつくるのは面倒くさくてしんどいと思っている人が多いのですが、実際は、**習慣をつくってしまったほうが毎日はラク**になります。

脳科学の研究では、**「決定疲れ」が、脳にとって非常に大きな負荷になる**のがわかっています。これは言葉どおりの現象で、何か行動をしようとするたびに、どうやってやろうか、いつやろうかなど、いちいち考えて意志決定をしていると、それだけで脳が疲れてしまい、やりたくなくなったり先延ばしにしてしまうなど、何か行動を起こそうとしたときに足を引っ張ってしまう現象です。

習慣をつくるときに、よく、「朝起きてすぐやるといいですよ」と言われます（第

1章で詳しく触れます)。でも、朝は苦手だから無理、と思う人もいるでしょう。ですが、朝起きたばかりのうちはまだ決定疲れがなく、物事に集中したり、自分をコントロールしやすい時間帯なので、習慣を行うには向いているのです。

一方、起きてから時間が経つと、いろいろな決定をしていくことで脳が疲弊してきます。そのため、自分にとってよい行動や判断をしづらくなり、寝る前にラーメンを食べるというような過ちを犯しがちになります。

だとすれば、意志決定しなければならない要素を少なくすればするほど——つまり、何も考えずに実行できる「習慣」にしてしまえば、脳は疲れなくなり、間違った判断や行動をしてしまうことが減るのです。

スティーブ・ジョブズが黒のタートルネックにジーンズ、マーク・ザッカーバーグがグレーのTシャツにジーンズというように決まった服装しかしなかったことを思い出して下さい。あれも、毎朝着る服を選ぶための無駄なエネルギーを省き、決定疲れをふせぐためです。その日何を着ようかと悩まなければ、その分、脳は疲労しないで済みます。

彼らが意識して自分でそういうルールをつくっていたように、習慣的な行動は、一度つくってしまえば、あとがものすごくラクになります。

続ければ続けるほどどんどんラクになっていくので、感情や意志に左右されずに、自分にとってよい行動を無意識に続けていける、ということになります。

他人から見ると、「毎日、同じことをしているなんて、なんて意志が強いんだ！」と見えますが、実はそうではありません。意志が必要なのは最初だけです。あとは、続けていくためのシステムをつくってしまえば、習慣は自動的に続きます。

いろいろなことを習慣化できているほうが、毎日いろいろなことを考えて変えていくより、はるかにラクに生きられる。

この事実を知っておくだけでも、習慣をつくりやすくなります。

×誤解② 自分の行動は自分の意志でコントロールしている

2つめの誤解。それは、多くの人は、自分の行動は自分の意志でコントロールして

いる、と考えていることです。

実は、毎日の行動の中で、意志の力で行なっていることは自分で思っているほど多くはありません。

なんと、**人生の半分は習慣的な行動からできている**、という調査があるのです。

習慣の研究で知られているウェンディ・ウッドという有名な心理学者がいます。

この人がテキサスＡ＆Ｍ大学の学生に対して行なった研究[2]では、人間が過ごしている時間の３分の１から２分の１くらいは習慣的な行動で締められているという結果が出ました。

この調査は、まだ生活パターンがあまり固まっていない若い学生を対象にして行われたものですから、学生ではなく社会人に調査するなど、年齢層をあげてみれば、おそらく、習慣的な行動が占める割合はさらに増えるでしょう。[3]

つまり、人生の半分は習慣的な行動で満たされているということです。

だとすれば、**習慣をコントロールできるようになれば、人生の半分を自分で操れるようになる**、ともいえます。

この事実を知れば、習慣化のテクニックを身につけることがいかに重要であるかがわかると思います。

そう聞いてもなお「自分の毎日を考えても、習慣の比重なんてそんなに大きくはないけど？」という人もいるでしょう。

それは、自分の習慣的な行動を自覚できていないだけです。

自分の行動のうちどれが習慣的な行動なのかを見抜けているかを調べた研究もあります。ウェンディ・ウッドさんの調査では、私たちはみんな、驚くほど、習慣だとは自覚しないで習慣的な行動をとっているのがわかっています。

習慣的な行動のうち習慣だと自覚できているのは40％程度に過ぎない、というのです。[4] 要するに、自分で習慣だと思うことをリストアップしていったとしても、実際はその倍以上の習慣的な行動をとっているということです。

人生がそれだけ習慣で満たされているとすれば、習慣をコントロールするのがどれだけ重要であるかもわかるはずです。

習慣をマネジメントできれば、人生をガラリと変えられるのです。

×誤解③　習慣をつくるには強い意志力が必要

3つめは、「習慣をつくるには強い意志力が必要」という誤解、思い込みです。

「自分は意志が弱いから習慣づくりなんて無理……」とはなからあきらめている人もいるかもしれませんが、さきほども言ったように、習慣づくりにおいて意志が必要なのは最初だけ。それが事実です。

最初の段階ではたしかに意志が強いほうが有利ですが、それ以降は意志の力はほとんど関係ありません。必要なのは意志ではなくテクニックです。

というよりも面白いことに、**「習慣を身につけることによって意志の力が強くなる」**という研究もあります。もともと弱かった意志の力が、習慣を行うことで強くなっていくというわけですね。

どういうことでしょうか。説明しましょう。

意志が強い人はたしかに習慣をつくるのがうまいといえます。

では、意志の弱い人は習慣がつくれないのかといえば、そんなことはありません。

テクニックを学べば、どんな習慣でも身につけられます。

意志の弱い人は、ものすごく簡単なところから始めていけばいいでしょう。たとえば、「朝起きたらまず、1日の目標を口にする」。そんな超シンプルなことでもいいのです。

そんな小さな小さな習慣をいくつも重ねて身につけていくようにします。技術を学べば難しいことではありません。

そうして小さな習慣をコツコツ身につけていけば、その過程で知らないうちに意志の力が強くなっていくのです。それが現代の科学で証明されています。

意志の力は、習慣づくりに限らず、さまざまなところで求められます。

「ここは集中する場面だ」

「夢を実現させるためには、ここを乗り越えなくてはならない！」

そんなときにこそ、強い意志の力が求められます。

いざというとき発揮できる意志の力をふだんから鍛えるためにも、日頃から小さな習慣づくりを積み重ねていくのがいいというわけです。

以上、習慣づくりの3つの誤解を紹介しました。

×誤解①　習慣づくりはつらい
↓むしろ習慣にしてしまったほうがラク！

×誤解②　自分の行動は自分の意志でコントロールしている
↓人生の半分は習慣でできている！

×誤解③　習慣をつくるには強い意志力が必要
↓むしろ小さな習慣を行うことで意志が強くなっていく！

いかがでしょう。誤解を知って、「自分もできる気がする」「自分もやってみよう！」と思えてきましたか？
ではいよいよ本文で、習慣づくりのテクニックを紹介していきましょう。
本書は次のような構成になっています。

第1章　人生の50％を占める習慣的行動を操る【5つの超習慣術】
第2章　習慣が身につく確率を極限まで高める【7つの心理テク】
第3章　三日坊主にならない【習慣維持テクニック】
第4章　習慣の挫折をなくす【セルフ・コンパッション】
第5章　何年も直らない悪い習慣を駆逐する【8つのリバウンド対策法】
第6章　パートナーから親、子供まで【他人の悪い癖を直す方法】

つまり、次のようなステップで習慣化が実行できるようになっています。

まず、この「はじめに」で、習慣化に関する間違った考え方を理解してもらいました。

その上で、さっそく「第1章」で、習慣化の基本的かつ最強のテクニックをご紹介します。

「第2章」では、第1章で紹介したテクニックにつけくわえて行うことで習慣化の成功確率を上げる心理テクニックを紹介します。

そして「第3章」では、せっかく始めた習慣をとぎれさせないようにするテクニックを、「第4章」では、習慣がとぎれてしまういちばんの原因である自己嫌悪をふせぐ方法を紹介します。

習慣には「悪い習慣」もあるので、「第5章」ではやめたいと思っている悪い習慣の直し方、そして最後の「第6章」では、自分のまわりにいる人たちの悪い癖の直し方までご紹介します。

YouTubeやニコニコ動画の放送を始めてから、習慣についてはいくどとなく取り上げてきましたが、本書はそれらの集大成となります。

このあと新しい研究結果が出てこない限り、本書があれば、習慣化については少なくともあと5年くらいはほかの本はいらないのではないかと自負しています。

ぜひ、これらの方法を試して、今日から、あなたの人生を変えていってください。

メンタリスト DaiGo

CONTENTS

第3章　三日坊主にならない【習慣維持テクニック】

第5章　何年も直らない悪い習慣を駆逐する【8つのリバウンド対策法】

第6章　パートナーから親、子供まで【他人の悪い癖を直す方法】

★本文の右脇の数字は、巻末の「参考文献・資料」リストに対応しています

第１章

人生の50％を占める習慣的行動を操る【５つの超習慣術】

目標をかなえて人生を思い通りにできるなら、誰だってそうしたいはずです。

その鍵を握るのが、目標をかなえるための「良い習慣」を身につけられるかどうかです。では、どうすれば習慣づくりはうまくいくのでしょうか？

ここではまず、そのための５つのテクニックを紹介します。

超基本でありながら、「これだけ知っておけば大丈夫！」ともいえる集大成的なテクニックです。

Technique 1

習慣づくりの超基本！「20秒ルール」

1つめは、ご存じの方も多いのではないかと思われる**「20秒ルール」**です。[5]

これはハーバード大学でポジティブ心理学講座を担当しているショーン・エイカーさんが「幸福優位7つの法則」の1つとして挙げているものです。[6]

新しい習慣を身につけようとするときには、その行動を「やりやすいようにすること」がまず大切です。意志の力で「これをやる！」、「これを続ける！」と考えただけではなかなか継続できないものだからです。[7]

ですから、習慣化したい行動がある場合は、できるだけ面倒な部分を省いて、**「気がついたらやっていた」というくらいに手間を減らしたやり方ができないか**、と、常に考えるようにしてください。

それが「20秒ルール」です。

なぜ20秒ルールなのかというと、**「やりたいと思っている習慣を、ふだんの状況より20秒早くできるようにする」**ことが基本になるからです。

毎朝のジム通いを習慣づけるためにした、意外なこととは？

ショーン・エイカーさんは、朝起きてすぐジムに行くことを習慣づけようとしたとき、清潔なトレーニングウェアを着て寝るようにしたそうです。さらにスニーカーなども用意しておくことで、起きてから家を出るまでの手間を20秒減らしました。それにより、朝、迷いなくジムに行くことを習慣化できたといいます。

日常生活のいろいろなシーンにおいて、この20秒ルールは使えます。

たとえば私の場合、ニコニコ動画やYouTubeの放送は基本的にiPhoneで撮ってそのまま放送するようにしています。

どうしてかといえば、カメラのセッティングなどにかかる手間と時間を減らしたいからです。これも長く放送を続けられている理由のひとつです。

20秒ルールはとても有効なテクニックですが、「20秒減らせた！」と満足していてはいけません。

20秒分の手間を減らせたなら、さらにもう20秒分の手間を減らす。それができたらまたさらに20秒分の手間を減らす。

こうして、極限まで手間を減らしていくのがポイントです。

このテクニックは、非常にシンプルでありながら、絶大な効果を発揮します。

たとえば、毎日、本を継続して読みたいと思うなら、夜に読み終わったあと、しおりを挟んで本棚にしまうのではなく、しおりは挟まずに、本を開いたままテーブルの上に置いておきます。それだけでは20秒にまではならないにしても、次に読むときに本棚から出す手間を省けるので、すぐにまた本を手に取ることができます。

もしヨガを習慣化したいのであれば、ヨガマットを畳まず、すぐにやれる場所に広げておきます。会社から帰宅したときにすぐに目に入って始められるよう、玄関前に敷いておいてもいいでしょう。

こうした心がけがあるかないかで、ひとつの行動を継続できるかが左右されます。

やめたい場合は、手間を増やす

習慣化したいのではなく、「やめたいこと」がある場合は、ふだんの状況より20秒、時間がかかるようにします。

テレビを見すぎるのでそれをやめたいと考えたショーン・エイカーさんは、テレビのリモコンから電池を抜いておき、電池を入れるまでに20秒かかるところに電池を置くようにしたことでテレビ中毒が治ったといいます。

これも応用が利きます。

スマホを使いすぎて時間が惜しいというのであれば、本棚のいちばん上など、簡単には取れないような場所に置いておきます。そうすれば、いつも手元に置いておくのに比べて、スマホを手にする回数はずいぶん減ります。

スマホのなかに、つい時間を費やしてしまうのであまり使いたくないアプリ（ゲームなど）があるなら、その対策も打てます。何度もスワイプしないと出てこないようなフォルダの奥底にしまっておいて、そのアプリを開くまでに手間がかかるようにしるのです。そうするだけでも、そのアプリに手をつける回数が減ります。

「20秒ルール」とはいっても20秒にこだわりすぎず、手間を減らす場合も増やす場合もワンステップ減らすか増やすところから始めればいいでしょう。そこをスタートラインとして、可能な限り、減らすか増やすかしていければいいのですから。

私の場合はいつも、仕事に関して「なんとかしてもうワンステップ、手間を減らせないか」「ラクにできないか」ということを考えています。

「ラクをする」というと悪いことのように捉える人もいるのですが、**ラクにできるやり方ほど継続しやすいのですから、「ラクをする」ということは決して悪いことではなく、むしろいいことです。**

これは習慣化に限ったことではありません。会社の仕事だってそうです。

部下や後輩に「手間を惜しむな！」「ラクをするな！」と叱るべきではないのです。社員のモチベーションが低いと思うのなら、ムダなことをさせているのではないかと考えてみたほうがいいでしょう。

どんなことでも、効率化できれば業績や成果は上がっていくはずです。

Technique 2

挫折をふせぐ「マジックナンバー4」

2つめのテクニックは**「マジックナンバー4」**です。

4という数字は、習慣を身につけるうえでは非常に重要になるので、こうした呼び方をしています。

なぜ4が重要なのかというと、何かの習慣を身につけようとしたとき、**「週4回以上行なえば習慣化しやすい」**ということが判明しているからです。

徐々に増やしていくほうがいいのではないかと考えて、週2回、週3回といった頻度から始める人も多いのですが、そうするとかえって挫折しやすくなります。

やるのであれば最初から週4回という設定で始めるほうがいいのです。

たとえば筋トレ。いきなり週4回からというと、ハードすぎると感じるかもしれません。その場合は、週に行う回数を減らすのではなく、1回ごとのトレーニング内容を減らすようにしてください。つまり、**60分の筋トレを週2回、ではなく、30分の筋トレを週4回**行うわけです。

こうすることで、挫折をふせいで、習慣化しやすくなります。

ビクトリア大学ではトレーニングジムに入ったばかりの男女111人を対象にして、どういうパターンで通えばジム通いを継続できるかを調査しました。[8] 習慣づくりのなかでももっとも難しいといわれるひとつが運動習慣なので、興味深い研究です。

その結果わかったのが、**「習慣づくりと相関しているのは頻度」**ということでした。週3回までの頻度で通っていた人に比べて、週4回以上通っていた人は、習慣が身につく確率が非常に高かったのです。

どんなことでも中途半端にやるよりは、思いきって〝盛って〟しまったほうがいいということかもしれません。

● 習慣化できるかどうかが決まる、「6週目の罠」

では、挫折する人はどこで挫折するのでしょうか？

分岐点になるのは6週間です。

始めた頃に「いけるいける！」とうまくスタートダッシュできた人は6週間くらいは続けられます。実をいうとそれは、週2回や週3回の頻度で始めた場合も同じです。しかし、6週間をすぎたところから差が出てきます。

週4回通っていた人はそこから先も続けていきやすいのに対して、週2回や週3回だった人はそこからさぼりがちになっていくのです。

これが**「6週目の罠」**です。

こうした罠に陥らないようにするためには、**8週間を目標に続けること**です。そうすると、そこから先はさぼりにくくなるのもこの調査でわかっています。

8週間続けることは非常に重要です。ロンドン大学の研究結果もそれを裏づけています。

ロンドン大学では96人の学生を対象に、さまざまな行動を設定して、それを習慣化できるかどうかの調査を行いました。[9]

それでわかったのは、**簡単な行為であれば25日を超えたあたりで習慣化でき、難しい行為は50～60日続けられると習慣化しやすい**、ということです。

どんな行動を習慣化するかによって、習慣化しやすいかどうかの違いが出てくるのは当然でしょう。

運動でいえば、ウォーキングのように負荷の低い運動であれば25日前後で習慣化できるのに対して、腹筋やスクワットなど、負荷の高い運動を習慣化する場合は50～60日くらいかかるわけです。

50～60日といえば、およそ8週間。

ハードだと思われることでも8週間やれば習慣化でき、その先は、続ければ続けるほど負担に感じなくなっていきます。

ゴールがわからずに続けていくのはつらいものですが、目標があれば励みになります。途中で挫折しそうになったら、**「8週間続ければ習慣化できる！」**というように、先が見えていれば、続けていくモチベーションになります。

このとき知っておいてほしいのは、習慣化をしていくその過程において、1日や2日さぼったとしても、習慣の形成において悪影響はないということです。

少しくらいさぼること自体には問題はないということですね。しかしさぼってしまったときに「オレはなんてダメなやつなんだ！」と自分を責める思考に陥るのはＮＧです。第４章の「セルフ・コンパッション」の解説で詳しくお話ししますが、そういうマイナス思考になると、挫折に直結してしまうのです。ですから、**習慣づくりをするうえでは完璧主義になってはいけません**。

少しルーズになって、ときどきサボってしまう自分を許容できるくらいがちょうどいいということです。

しかしまずは、**「週４回以上のペースで８週間続ける」**というのがひとつの目安ですから、ぜひこの頻度と期間は意識しておいてください。

Technique 3

「起きてすぐ」の時間を使う!

3つめのポイントは「いつやればいいか」です。

習慣を身につけるためには、その行動を行うのに適した時間があります。

それはいつかというと、**「朝起きてすぐの時間」**です。

2017年にニース・ソフィア・アンティポリス大学で、48人の学生を2つのグループに分けて実験を行いました。[10]

片方のグループには「朝15分のストレッチ」、もう一方のグループには「夜15分のストレッチ」を習慣化するように取り組ませたのです。

それぞれのグループで全員がこの習慣を身につけるまでにかかった日数を調べると、朝のグループが105日、夜のグループが154日でした。

この実験では、効率的に習慣化するためのテクニックは指導しなかったのでどちらのグループもかなり時間はかかりましたが、最終的に2つのグループには大きな差がつきました。朝のグループのほうが1・5倍ほど早く、全員がストレッチの習慣を身につけられたのです。

ストレスホルモンの意外な効果

どうしてこれだけの差がついたのでしょうか？

朝早い時間のほうがストレッチに向いているからだと思った人もいるかもしれませんが、そうではありません。

ポイントになるのは**「朝早い時間」ではなく「起きてすぐの時間」**だということです。

これには理由があります。

注目したいのは**コルチゾール**です。

ストレスホルモンとも呼ばれるコルチゾールに対しては良くないイメージを持つ人も多いかもしれません。ですが、悪者扱いばかりすべきではありません。

ストレスを感じたときに分泌され、交感神経を刺激するコルチゾールは、人類の進化の過程では、自分の生命をおびやかす思わぬ敵に出会ったときなどに分泌されるよう、私たちの本能にプログラムされたホルモンです。たとえば目の前に突然、トラが現われたとすれば、コルチゾールの分泌量が一気に増えます。それによって体のなかで膨大なエネルギーをつくりだし、持てる限りの力を発揮して、そこから逃げるためです。

コルチゾールの濃度が高まっているときは、脳は覚醒に向かい、目の前のことに最大限、適応しようとします。

その状態になっているときに新しい取り組みをすれば、集中でき、身につきやすくなるので、それを利用するわけです。

コルチゾールの分泌量は状況に応じて変動していきますが、起床する前後に一度、分泌量が跳ね上がります。エネルギーを出して目を覚まさせるためです。そこが、覚醒した状態で習慣に適応する効果を狙う、狙い目になるというわけです。

ただしここでも、注意すべきポイントがあります。

たとえば会社で上司や先輩から怒られたり嫌味を言われたときにも、起きてすぐと同じようにコルチゾールは分泌され、エネルギーが高まります。ですが、この場合のコルチゾールを習慣づくりに利用しようと考えてはいけないということです。

人間には**サーカディアンリズム**（概日リズム）があります。

朝起きて夜寝る、というような持って生まれた生活のリズム、すなわち体内時計です。そのなかには、朝起きるときにはコルチゾールが分泌されるということも組み込まれています。習慣づくりに活用すべきなのは、そのコルチゾールです。

他人からストレスを与えられたときに分泌されるコルチゾールは、同じようには役立てられません。こうしたコルチゾールが出ているときは、逆に誘惑に弱くなり、さぼりやすくなることがわかっています。

会社で上司に嫌味を言われたときに、「あっ、いまコルチゾールが出ているはずだから、腕立て伏せをやろう！」と考える人はいませんよね。そういうおかしなことは考えず、「起きてすぐの時間」の有効活用を考えてください。

Technique 4

スモールステップとビッグエリア

「スモールステップ」とは、**ある行動を習慣にしていくためには、そのためのステップを小刻みにすべき**という考え方です。

たとえば夏までに体重を5キロ落として水着が映える体になることを目標にしたとします。このとき、ただ「体重を5キロ落とす」ということだけを目標にしてそれに向かってがんばるのはおすすめしません。ではどうすればいいかというと、「体重を5キロ落とすためにどうすればいいか」を考え、具体的な細かい行動に落とし込んでいくのです。

仮に、食事制限ではなく「運動で5キロ落とす」という目標を立てた場合で考えてみましょう。その場合、かなり厳しいプログラムの運動を2カ月ほど続ける必要があります。ですから、そのプログラムをいきなり始めても、習慣になる前に挫折してしまう確率が高くなってしまいます、ではどうしたらいいか。

まずは、無理なくできそうな簡単な運動から始めることです。いくつか思いついたのなら、そのなかでもいちばん簡単で、習慣化しやすいものから始めます。

このテクニックでは、**目標実現に向けての過程をできるだけ簡単なものから、ステップバイステップで分けていくのがポイント**になります。[11]

「簡単な運動から始める」という過程の前に、「ジムに登録する」といった過程があってもいいんです。

「分解」するだけ分解して、「チェックリスト」をつくっていきます。

その「リストでクリアできたものからチェックしていけば、目標達成に向けて自分がいまどの段階にいるかがわかります。

これがスモールステップです。

スモールステップを組み込まないとどうなるか

肥満の女性が体重を落としていく過程で、スモールステップを組み込んだ場合と組み込まなかった場合、それぞれどうなったかを追った研究があります。

この研究では、スモールステップを導入したグループと、導入しないグループの2つに分けて調査がされました。

この調査で、スモールステップを導入したグループは、「1日100グラム落とす」というような課題は設定せずに、「運動を始める」→「1日2回スクワットができるようになる」→「1日3回スクワットができるようになる」……というように、やることだけをスモールステップで設定しました。体重は日々、変動するものなので、そこを気にしすぎるよりは、こうしたやり方だけにフォーカスしたほうが、健康的に体重を落としていけます。

実際にこの研究では、スモールステップを導入したグループのほうが、導入しなかったグループよりも20％多く体重を落とせています。

また、肥満で悩んでいる女性が最終的な目標体重だけ設定して行ったダイエットの経過を観察した研究もあります。この研究では、被験者は目標が達成できなかったばかりか、最終的にスタート段階より体重が増えてしまいました。

ただ単に目標体重を設定してそれを達成しようとすると、はじめからかなり難しい習慣を自分に課しがちです。そのため目標達成までモチベーションを維持できず、リバウンドしてしまったというわけです。こうした事態を避けるためにも小さなステップをつくって刻んでいくのがいいのです。

●「自分はちゃんと前に進んでいる!」という感覚が大事

「習慣」という言葉からは、同じことを繰り返し行うというイメージがありますが、それにこだわらず、達成に向けての過程をできるだけ細かく刻んで行っていく、と考えるのもいいと思います。

「はじめに」で挙げたバーピーをできるようになりたいと考えた場合などもそうです。

バーピーは、スクワット、腕立て伏せ、ジャンプを一連の流れで行うものなので、一気にやろうと思うとけっこうハードルが高い運動です。そこで、一連の動作を分解して、まず普通のスクワットをできるようにするわけです。

もしそれも難しいということであれば、少しだけヒザを折った姿勢を10秒キープする、というようなところから始めてもいいでしょう。そうやって少しずつ負荷を増やしながら、前に進んでいる感覚を持つようにすると、達成感を得られて、続けていくモチベーションをキープすることができるのです。

このように、最終的に求められる技術を分解して、段階的にクリアしていけば、最終的にできるようになりたかったことが実現しやすくなります。

このスモールステップをどのように設定するかという点においては、他人のアドバイスを求めるのもおすすめです。トレーニングやダイエットなどでは、専門的な視点から見た効率的なやり方があるものだからです。

つまり、スモールステップとは、「最終的な目標（習慣）の簡易版」を数多くつくっていく、というやり方です。

それぞれのステップはラクすぎるくらいものでいいのです。ひとつひとつの目標をクリアしていくことに意義があるわけですから。

なぜなら、人間のモチベーションをつくるのは気合いではなく、前に進んでいる感覚だからです。

嘘でも幻想でもいいので「自分が前に進めている！」と思い込めればいいのです。

そのため、習慣化するときのスモールステップは、もうこれ以上細かく刻めないというくらいまで細かくしていくのもいいでしょう。

細かくできればできるほど、習慣は身につきやすくなると考えてください。

体重5キロ減を最終目標に運動習慣をつけようと考えるのであれば、「ジムに登録する」という項目より前（あるいは後）に「運動しやすい服を買う」といった項目があってもいいくらいです。

到達度をわかりやすくする

細分化した項目は、切りのいい〝100個〟にするのもおすすめです。

なぜなら、項目が１００個あれば、現在どこまでいっているかで到達率がわかりやすくなるからです。１００項目のうち30項目まで行っている場合には30％達成できていることになります。

こうした確認をしていくのはモチベーションを維持するうえで大きな意味があるので、進展状況を日々記録していくといいでしょう。

ただし、手間はできるだけ減らしたほうがいいので、項目が細かすぎて負担に感じるようであれば、考え方を変える必要はあります。

その場合も、項目数を50とか20、あるいは10項目など、区切りのいい数にしておけば、「50項目のうち5項目まで行っていれば10％達成している」というように、到達度がわかりやすくなります。

目標が、「バーピーや腕立て伏せを●回できるようになること」ならば、「今日は何回できた」というように数字を記録しておくのも効果的です。これもやはり、目標に向けての達成度合いがわかりやすくなるからです。

「誘惑にあらがった回数」や「挫折から立ち直った回数」をカウントしておくのもいいでしょう。

たとえば「間食をやめる」のが目標だとすれば、「今日はお菓子を5回食べたいと思ったけど4回は我慢した」、「トレーニングの習慣化」が目標なら、「昨日はさぼってしまったけど、今日はちゃんとやった」というような、習慣を再開した回数を書いておきます。

「自分はいま、目標達成までのどの位置にいるか」を確認する

スモールステップは非常に効果的なやり方ですが、1つだけ注意点があります。

それは何かといえば、あまりに細かく分解しすぎて進み方がゆっくりになってしまうと、最終的な目標を見失ってしまう可能性があるということです。

その対策になるのが**「ビッグエリア」**です。

これは、3日に1回、週に1回などというように、定期的に「そもそも自分は何を目指してこのステップをクリアしているのか」と見直すことです。

私の場合は毎日寝る前にこれをやります。

ダイエットでも、英語を学ぼうとしている場合でもなんでもそうですが、**「その習慣を身につけようとしている先に、本当の大きな目標がある」**と自分で意識しておくことが意味を持ちます。

ダイエットの習慣を身につけようとしているのなら、その先には、「モテたい」とか「健康になりたい」という本当の目標があるわけです。英語の勉強なら、「外国人の友達を増やしたい」とか「英語を仕事にしたい」という目標が、最終的な目標です。

目標
運動で５キロ落とそう！

スモールステップ…目標実現の過程を細分化し、チェックリストを作成

□ 運動を始める
↓
□ １日２回スクワットができるようになる
↓
□ １日３回スクワットができるようになる
↓

⬆

ビックエリア…定期的に「いま、目標達成までのどの位置にいるか」を確認

その最終的な目標を達成する過程のどこまでのステップを、いま自分はクリアしたのか、を意識しておくということです。

人がよい習慣や行動を行おうとするとき、おおよそにおいて「経済（お金）」、「社会的なつながり（人間関係や恋愛）」、「健康」というビッグスリーのどれかを最終的な目標にしている場合が多いものです。

こうした最終目標を定期的に確認することで、自分がなんのために習慣づくりをしようと考えているのかを見直すことができ、達成までのモチベーションを保

ちやすくなるのです。

場合によっては、「英語でも勉強しよう」と漠然と習慣づくりを始めてしまって、最終目標が明確に思い描けていないこともあるでしょう。その場合はビッグスリーのどれかに当たるのではないかと考えてみれば、答えが見つかるケースも多いはずです。「これが達成できたら、モテるだろうな」「たくさん稼げるだろうな」というように思い描けていると、挫折しにくくなるわけです。[12]

習慣を身につけるためのステップは細かく刻み、大きな目標は時々思い出す。これがスモールステップとビッグエリアです。

どれくらい細かく刻むか、どれくらいの感覚で大きな目標を思い出すようにすればいいのかといった部分では、バランスを取ることが大切です。

Technique 5

習慣化の帝王＝If《イフ》 then《ゼン》プランニング

ここまでに挙げた習慣化のテクニックはどれも効果的ですが、最後に、「習慣化の帝王」といわれているテクニックをご紹介しましょう。それが、**「If then プランニング」**(If then ルール) です。[13]

極端に言えば、If then プランニングさえうまく設定できれば、ほかのテクニックは補足と位置づけてもいいくらい、究極の習慣化テクニックがIf then プランニングです。

If then プランニングとは、簡単にいえば、**「Aが起きたらBをする」「Aの状況に陥ったらBをする」というように、習慣化したい行動のタイミングをあらかじめ決めておく方法**です。

自分がやるべきことを書き出していく「TODOリスト」とも似ていますが、「if=

もし〇〇したら」→「then＝そのときに××をやる」というように、**やるべき行動とそれを行う条件をセットにする**のがIf thenプランニングの最大の特徴です。

シンプルな例を挙げれば、「朝8時前に起きたら、まず掃除をする」「外でお昼ご飯を食べる前にはジムで汗を流す」というように、「〇〇したら、××する」という形でやるべき習慣を決めておくことです。

●〝条件〟があれば、脳が勝手に反応する

「腹筋を1日30回やる」というような目標を決めることはよくありますが、これを欠かさず実行していくのはなかなか難しいものです。

なぜかといえば、**「いつ、どこで、どういう状況でやればいいか」という部分を決めていないので、脳が反応できない**、からです。

人間はもともと「敵が現われたら逃げる」「おいしそうな食べ物を見つけたら取りに行く」というように、「ある状況が起こったらこの行動をとる」という生存のために有利なIf thenプランニングをいくつも脳に組み込んで進化してきた生き物です。

ですからIf thenプランニングとは、人間が無意識に使っているシステムのなかで

も**〝脳がいちばん理解しやすい文法〟**なのです。

だからこそ、習慣づくりをするうえでは、この形を使うことが非常に有効なテクニックになります。

●効果量0・65〜0・99の脅威的パワー

ところで、このようなノウハウがあることを知っても、「ノウハウコレクターになるだけで実際の行動につながらないだろう」というような的外れな批判をする人がときどきいますが、過去の偉人たちが積み上げてきたノウハウを、現在に生きる私たちが使わない手はありません。使わないのはむしろ子孫としての恥だともいえます。

「習慣化の帝王」といわれているIf thenプランニングは、試さないことがあり得ないほど、日常的な有効性が実証されているのです。

「効果量」という考え方があります。

ある理論を実践することでどれくらいの効果を得られるかを数値化するものです。

「効果量0」は、やってもやらなくても変わらず、なんの影響もないということ。

「効果量マイナス1」なら逆効果。「効果量プラス1」なら、その理論は結果と完全に相関しているとみなされます。

この効果量の数値は、「0・3を超えれば試す価値がある」「0・5を超えればかなり効果的だと考えられるので絶対にやるべき」というのがおよその判断基準になります。

たとえば瞑想などは、続ければ続けるほど効果量が大きくなりますが、それでも効果量は0・36くらいです。世の中にはいろいろな心理テクニックがありますが、効果が高いといわれて人気になっているものでも0・5を超えるものはあまりありません。

ところがIf thenプランニングはどうかというと、ニューヨーク州のピーター・ゴルウィッツァー博士のメタ分析[14]によると、94件のIf thenルールを行なった場合(ダイエット、貯金などさまざまな目標がありました)のゴール達成率を調べたところ、なんと効果量は0・65、使い方によって(のちほど説明します)最大で効果量0・99にまで達することがわかりました。

効果が高いと実証されている心理テクニックの2倍以上になるのですから、驚くべき数値です。

やらない選択など考えられないのがIf thenプランニングなのです。

ですから、もしあなたがすでにいろいろな心理テクニックなどを学んでいながらそれを日常に生かせていないのであれば、If thenプランニングの応用が足りないからだともいえます。

たとえば腹式呼吸による深呼吸は、気持ちを落ち着けて、何かに集中するのにいいのがわかっています。では、それをいつすればいいのか？

深呼吸は本来、いつ行っても効果があるものです。しかし、習慣化することを考えるなら、「会社に着いて仕事を始める前に2分間、深呼吸する」「上司に嫌味を言われたらそのあと2分間、深呼吸する」などと決めておくのが有効です。

日常生活のなかでどういう条件が起こりうるかを考えれば、それほど頭を悩ませることなく、いくつものIf thenプランニングが思い浮かぶはずです。

If thenプランニングで性格改善

If thenプランニングは性格改善にも使えます。

実は、If thenプランニングが0・99という通常見たこともないような効果量を発揮したのが、気分が落ち込みやすい人がこれを改善するのにIf thenプランニングを使った場合だったのです。[15]

たとえば、人に話しかけるのが苦手な内向的な性格を直したいと思うなら、「人に話しかけようとしてためらいを覚えたときは、2回深呼吸してから声をかける」、あるいは「背筋を伸ばして胸を張り、全身に1秒力を入れてから声をかける」。1秒か2秒、力を入れてから力を抜けばアドレナリンが出てきてモチベーションが湧くので、If thenプランニングでその状態をつくるようにすることを習慣化すれば、苦手を克服して、性格を変えていくことにつながるのです。

「エレベーターで人と会ったときには、相手を問わず挨拶する」などといったルール設定もできます。If thenプランニングと性格改善は非常に相性がいいのです。

健康法にも応用できます。

私自身、リゾートホテルでビュッフェを食べるときなどにも使っているルールがあります。

それは、「お皿にはまず野菜をめいっぱい盛る。それから野菜の面積の4分の1から3分の1くらいの面積に、他のおかずを載せる」というものです。このようなルールを決めておけば、自然に野菜を食べる量が増えて、肉やカレーなどカロリーの高い食べ物の食べすぎがふせげます。

習慣化を考えるとき、**「何かをやる習慣」をつくるより「やらない習慣」をつくるほうが難しい**ということがわかっています。[16]

そのため「肉を食べない」と決めるより「肉を食べたくなったら野菜を食べる」というような習慣をつくるほうがいいわけです。こうしたところでもIf thenプランニングは応用しやすいといえます。

If thenプランニングでは、どういう場合にその行動を行うか、つまり、「Ｉｆ条件」をうまくつくれば目標が達成しやすくなります。

シンプルなテクニックですが、シンプルだからこそ、そこだけがちょっと工夫が必要になるところです。習慣を行いやすくなるいい「Ｉｆ条件」さえ設定できれば、あとは効果量0・65〜0・99という驚異的なパワーで、望んだことをどんどん習慣化していけるので、ぜひやってみてほしいと思います。

Wantを Shouldに結びつける!

というわけで、ここからは、「If条件」の上手な設定方法を考えてみましょう。

If thenプランニングのなかでもすぐに実践できるのが**「Want を Should に結びつける」**方法です。

「ごほうび」に近い考え方です。

心理学では、何かの行動に対してごほうびを与えるやり方には賛否両論があります。これをすればお菓子がもらえる、お金がもらえる、といった形でやる気につなげることは「外発的動機づけ」といわれます。

この方法でもたしかにやる気を起こせますが、内面から湧きあがる興味や関心をやる気につなげる「内発的動機づけ」に比べれば弱く、一時的なモチベーションにしかならない、という見方がされています。

ただし、習慣づくりに関しては違ってきます。ごほうびが設定されているほうが効果は高まり、習慣化できる確率があがるのがわかっているのです。

では、どういうごほうび設定が効果的なのか。そのひとつが Want を Should に結びつける方法です。

たとえば「チョコレートが食べたいなら、まずジムに行かなければならない」というようなルールづくりをします。この場合でいえば「Want＝チョコレート」「Should＝ジムに行く」になります。

「ゲームをしたければ、勉強する」などと、いろいろなWantを条件にして、ルール設定ができます。[17]

この設定によって、ふだんの生活のなかにあるちょっとしたごほうびが、習慣化のための強力なフックに変わります。

私自身、このやり方はいろいろなところで取り入れています。

朝起きてコーヒーを飲みたいのであれば、その前に論文を一本読まなければならない。スマホを開きたいならバーピーをしなければならない……などとルールを決めておくのです。

WantをShouldに結びつけるだけで、習慣化は一気に加速します。

挫折しやすい運動習慣も、91％の確率で続く！

If then プランニングは習慣化のキモともいえる重要なテクニックなので、もう少し解説しておきます。

習慣化のなかでも運動の習慣化はもっとも難易度が高いもののひとつで、挫折しやすいといわれています。

それでも、If then プランニングを使えば、91％の確率でジム通いが続くという衝撃的な研究結果が出ています。

この実験では、「月曜、水曜、金曜と週3回、仕事の前にジムに行く」というかなり無理めの目標を設定し、どうすればジム通いを続けられるかというプラン立てをするときに If then プランニングを使ったグループと、使わなかったグループでどれだけ違いが出るかを比較しました。[18]

私もそうですが、月曜の朝からジムに行く気になど普通なかなかなりません。また、金曜は金曜1週間の疲れがたまっているので、これはかなり難しい目標設定だと思います。

にもかかわらず、プラン立てでIf thenプランニングを使ったグループは、なんと数週間経っても91%の人がジム通いを続けていた、という結果が出ました。If thenプランニングを使わなかったグループは39%だったので、その差は歴然としています。

最初はいくらやる気満々でも、やるべき目標をすぐに忘れてしまうのが人間です。しかし、**人間の脳は、その進化上身につけた性質により、「Aという状況の場合にはBをする」というようにIf thenプランニングの形で命令をしておけば、条件反射的にやるべきことを思い出して続けていける**というわけです。

メンタルを改善したいときの使い方

先にも触れましたが、If thenプランニングには、「メンタルの改善」において、もっとも効果を発揮しやすいという特徴もあります。

2016年に16336人分のデータを使って行われたメタ分析があります。[19]

メンタル的に落ち込みやすい人や気分のアップダウンが激しい人がこれを改善するためにIf thenプランニングを使った場合、どれくらいの効果があったのかを調べています。そこで出た結果が、先にも挙げた0・99だったのです。前例がないほどの効果量です。

メンタル面の弱さに悩み、いろいろな対策をとりながらも克服できずにいる人は、いかにIf thenプランニングを導入できるかで大きく変わってくるといえるでしょう。

たとえば、何か不安があったり激しい怒りを感じたときにその不安を書き出す**「エクスプレッシブ・ライティング（Expressive Writing）」**というよく知られた方法論があります。[20] これを、If thenプランニングと組み合わせて行うのです。

たとえば、「不安を感じたらスマホを取り出してタイマーをかけ、一定時間内に不安を書きだし、そのあとに何か好きなことをやる」、と決めておくのです。こうしたメンタル改善のテクニックをIf thenプランニングとうまく組み合わせることで効果が確実に高まります。

ただ、ひとつ注意しておきたいのは、**悪い習慣をやめたいときにはIf thenプランニングはあまり向いていない**、ということです。

「つまみぐいをやめたい」などというときはIf thenプランニングより効果的なやり

方があるので、それについては第5章を参考にしてください。
ただし、If thenプランニングでも、「ポテトチップスを食べたくなったらフルーツを食べる」というようなやり方はできます。[21]
自分がどこまでのことを求めているかに応じて、それに合った方法を選択してもらえればいいのだと思います。

「ルールづくり」のポイント

If thenプランニングでは、**ルールづくりの創造力が、習慣化の成功を左右します**。

ルールをつくるときに効果的なのは、まずは自分が1日にどんな行動をとっているか、観察することです。そしてそれを、たとえば「今朝、冷蔵庫を開けたらブロッコリーが余っているのに気づいて、たくさん食べた」「上司に嫌味を言われたあとに帰宅して、お菓子をやけ食いしてしまった」などというように、いいことも悪いことも「日記」のように書き出していきます。

これを2週間くらい行い、**「自分を取り巻く状況を可視化」**してしまうと、If条件がつくりやすくなります。

ポイントは「なるべく毎日起こる条件」を選ぶことです。そのうえで、できれば「毎日決まった時間」に行なえるようにしていきます。

つまり、その条件と行動が起こるコンテクスト（状況）を固定するわけです。**同じ時間に、同じことを、同じくらいの強度で同じように繰り返したほうが習慣は身につきやすい**ということがわかっているからです。[22]

私の場合、海外を移動しているような例外を除けば、毎日午後2時にサラダを食べることを日課にしています。それは間違いなく守る習慣になっています。だとすればそこを起点にルールを決めればいいわけです。たとえば、「午後2時にサラダを食べたら、そのあとは論文を5本読む」、などと設定するいいわけです。

Ｉｆ条件の設定において、「毎日行っていること」が第一条件で、「できるだけ同じ時間に行っていること」が第二条件だとすれば、**第三の条件として挙げたいのは「突発的に起きたりすることではなく、安定して起こり、同じ場所で行われること」**です。

そういう行為のあとに習慣づけたい行動をつけていくのが理想です。

「ハビット・チェーン（Habit Chain ＝習慣の連鎖）」とは、ある行動を行ったらそのあとの行動を連鎖的に行えるようにする仕組みのことですが、If thenプランニングで「いい習慣」をハビット・チェーンにしてしまうこともできます。たとえば、午後2時にサラダを食べるのを起点に、論文を5本読み、そのあと、ベンチプレス10回を5セットやり、懸垂10回を5セットやり、スクワット10回を5セットやる、というように**具体的な行動を連鎖させて設定**していくのです。

このようなやり方を取り入れると、複数の習慣を同時に早く身につけることができます。

また、**thenの後ろの行動の部分を「複数選択式」にするとパフォーマンスが上がる**、という研究もあります。[23]

午後2時にサラダを食べたあと、「時間がある場合は1時間筋トレをして、時間がない場合は4分間だけバーピーをする」などといったやり方です。

誰でも日によって、予定は違ってくるものです。

サラダを食べたあと1時間筋トレをしていては仕事に間に合わないとき、筋トレをしないで仕事に行けば、習慣が途切れてしまいます。そこで複数選択式にして軽い運動も設定しておけば、習慣がとぎれるのをふせげます。

「やる気があるときとないとき」の選択肢にしてもいいのですが、そうすると、大抵の場合、ラクなほうを選びがちになるのが人間ですので、できれば、「時間があるときとないとき」という分け方にしておくべきです。

ではこの章の最後に私自身がやっているIf thenプランニングをいくつか紹介しておくので参考にしてください。

1つは、何かが面倒くさいと思ったら、頭のなかで「め・ん・ど・く・さ・い」と区切りながら言って、「く」のあたりで　その面倒臭いと思ったことに手をつける、というルールです。面倒臭いと言い切るまでにさっさとやり始めてしまうわけです。

2つめは、何かを先延ばししそうになったら、「今日やったら明日はラクになる。今日やったら明日はラクになる。今日やったら明日はラクになる」と3回唱えるルールです。

3つめは、「スマホで何かをしたいと思ったら、まずキンドルのアプリを開いて、論文などを最低1ページ読んでからやる」です。そうすると、スマホを使うにしても、必ず論文を読んだり見たりすることになり、否が応でも読書することになるからです。スマホを閉じる際にキンドルを開いてからロックしておけば、次にスマホを開くときにはキンドルが起動するので、まずはじめに読書から始められます。

まだあります。ある商品がほしくなったときには、「それがなくても済む方法」を3つ考えるようしています。これにより、よけいなモノを買うことが減るだけでなく、頭の体操にもなって、ビジネスアイデアにつながることもあります。実際私は、以前、放送用に広角のウェブカメラがほしいと思ったのですが、そのときに、それを買わずに済む方法を考えました。その結果、iPhoneに広角カメラをつけて撮影するという方法にたどりつき、逆にもうパソコンも使う必要がなくなったので、とてもいいアイデアだったと思っています。

他にもいくつかWantをShouldに結びつけるやり方を取り入れています。

コツを学びながら想像力を発揮して、どんどんIf thenプランニングをつくっていけば、「いい習慣」で毎日が満たされます。

つまり、繰り返しになりますが、習慣づくりに求められるのは、意志の強さではなく、テクニックだということです。

第1章のまとめ

習慣的行動を操る「5つの超習慣術」

❶ 20秒ルール――
20秒だけ手間を減らし、とりかかりやすくする（できれば極限まで手間を減らす）

❷ マジックナンバー4――週4回以上のペースで8週間続ける

❸ 起きてすぐの時間を使う――
朝、分泌されるコルチゾールのパワーを使って習慣化！

❹ スモールステップとビッグエリア――
ゴールを達成するまでのステップを細かく決め、どこまでできたか意識する

❺ If then プランニング――
「○○したら××する」の形で決まりをつくると、脳が勝手に習慣化してくれる！

第２章

習慣が身につく確率を極限まで高める【７つの心理テク】

前章で、習慣づくりの基本中と基本といえるテクニックを紹介しました。

ここで紹介するのは、それに付け加えていくことで習慣化の成功確率を極限まで高めていくテクニックです。

ワシントン大学心理学部のヘンリー・ローディガー教授によってまとめられたテクニックから７つ、そしてプラスアルファとしてウィスコンシン大学の研究から２つ紹介します[24・25]。どれも非常に効果的な実践的テクニックなので、ぜひ取り入れてみてください。

Technique 1

強気になることが結果につながる「パワフル・バーブ」

ひとつめは**「パワフル・バーブ」**と呼ばれるテクニックです。パワフルは訳すまでもないとして、バーブ（Verb）は英語で「動詞」のことです。

目標を立てる際には「より強い動詞」を使ったほうが、習慣化できる確率が高まり、身につくまでのスピードも速くなる、ということが研究でわかりました。

具体的な例を挙げると、

「体重を5キロ落としたい」という目標の立て方は弱いので、

「何がなんでも体重を5キロ落とすと決意した」

「体重を5キロ落とし、5年前に履いていたジーンズがすんなり履けるようになるのを確信している」

などという考え方をするようにします。

「願望」ではなく「結果」を口にする

「落としたい」という願望ではなく、「決意した」「確信している」などという動詞を使い、結果はすでに確定しているように表現するわけです。

不思議なことに、たったそれだけのことでも目標が達成しやすくなります。なるほど人間の心理はそういうものかもしれませんね。

では、どういう言葉の選び方をするのがいいのか。

政治家とか中二病とかになりきってみるのもいいのではないでしょうか？　つまり、嫌味なほどの自信が湧いてきて、得体の知れない強い自意識を持つ人物になるわけです。そこでイメージされるような強気な言葉を使うようにすればいいのです。

「断固として敢行します」

「こんなこと、やり遂げるのはフツーだから」

ふだん、こうした言葉はあまり使いませんが、あえてそういったキャラになりきって目標を口にするだけで、効果が違ってくるのです。

Technique 2

失敗しない「パブリック・コミットメント」

2つめは**「パブリック・コミットメント」**。

大勢の人の前で「自分はこういう目標を立てています」と宣言したほうが目標の達成率は高まるという話は聞いたことがあるのではないでしょうか？

それがパブリック・コミットメントです。

ただし、「習慣化できるかどうか」を考える場合には注意点があります。

「体重を5キロ落とします」というようにゴールを宣誓すればいいと思い込みがちですが、それだけでは習慣化に成功する確率は高くなるどころか低くなります。

パブリック・コミットメントが逆効果になる場合もあるのです。

なぜなら、目標を立てて宣誓すると、それだけでもう「やった気分」になってしまう場合があるからです。「オレ、腹筋、割るから」とまわりに宣言して結果を想像しただけで、やった気になって満足しがちなのが人間なのです。

そこで、**パブリック・コミットメントをする場合、ゴールを宣言するだけでなく、「定期的に達成状況を報告していくこと」をセットで考える**ようにしてみましょう。

それによってその都度、現状を認識することで、やった気になることを避け、達成率を高められることがわかっています。

つまり、**毎週土曜日は「報告の日」に決めるなどして、パブリック・コミットメントをした相手に対して定期的なリポートを続けていく**というのが、成功のためのポイントです。

「宣言＋報告」の具体的なやり方

具体的なやり方を、「オレ、腹筋、割るから」を例にして解説します。

「3カ月後までに腹筋を割る」というゴールはやはり宣言します。

腹筋を割るには男性なら体脂肪10％を切るところまで持っていく必要があります。

内臓脂肪の塊りのような体から3カ月でそこまで持っていくというのでは現実味が薄

いので、宣言段階の体脂肪率は16％だと仮定しましょう。

トレーニングを始めて1週間後に何パーセント減らせるかというと、通常、それほど簡単に体脂肪率は変わりません。そこで宣言後の最初の報告では**「トレーニングを習慣化できた」と報告**します。そして次の報告では**「現在、こんなトレーニングをしています」と内容を話します**。そのうち成果が数字として表われてきたら、そこで初めて**「現在、体脂肪率が14％になりました」と報告**します。

このように、「どれくらい進んでいるか」「どれくらいできるようになったか」を決まった相手に定期的に報告することを義務づけておくだけで、ゴールに向けて段階的に進んでいけるようになります。その結果、習慣化は失敗しにくくなり、最終的に目標を達成できる確率が高まります。

**決まった相手に
定期的報告を義務づけると
習慣化は失敗しにくくなり、
目標達成の確率が高まる**

一方的に報告するだけでは相手に面倒がられるかもしれませんが、目標達成のために大切なことだと説明すれば、理解してもらえるのではないでしょうか。

いいパートナーを見つけられる場合は、**「お互い、何かの目標を立てて、週に一回、報告し合う」のが理想的なやり方**です。

その場合、同じゴールを目指すのではなく、目標は別でもかまいません。ひとりがダイエットで、ひとりが勉強でもいいのです。

お互い報告し合い、監視し合える相手が見つけられたなら何よりです。

切磋琢磨できるライバルがいたほうが受験勉強などでもはかどります。その場合でも結局、競い合うだけではなく、「報告し合える」ことの意味が大きい。**切磋琢磨は報告によって成り立っている**ともいっていいのです。

それができるのが良きライバル関係です。

『北斗の拳』ではありませんが、宿敵と書いて「とも」と読む。

そういう相手をぜひ見つけてください。

Technique 3

人生を変えられる「コミットメント想起タイミング」

3つめのポイントは**「コミットメント想起タイミング」**をつくることです。

これは、さきほどパブリック・コメントのところで説明したように、決まった相手に定期的な報告を行うようにすれば自然にできますが、**「自分が何にコミットメントしているかを定期的に思い起こす」**ことです。

実をいうと、これは何かを習慣化しようとするときには最初に意識すべきステップでもあります。

基本的に、習慣化は、テクニックも学ばずに行うのは難しいものです。それほど人間というのは、基本的に続けられないものなのです。ですからテクニックを知らなければ、どうしても途中でさぼってしまいがちになるだけでなく、くじけて結局習慣化できずに終わるケースが出てくることは避けられません。

そこで、何かを習慣化するためには絶対に最初に心がけておくべきことがあるわけです。それが、**ゴールがどこにあるかを定期的に思い出す**ようにしていくこと。これが習慣づくりのファーストステップといえます。

習慣づくりのためには「ゴールを思い出す習慣をつくること」から始めるべきであり、そのことが習慣化を助けてくれます。

正月に立てた目標を覚えていますか?

ところで、本書を読んでいる人のなかで、正月に「今年はこれを習慣にしよう」と考えた人も多いのではないかと思います。では、その習慣のゴールを、今覚えていますか?

実は人間は、何かを習慣にしようと考えていても、その目的がどこにあったのかを簡単に忘れてしまうのです。

思い出せ、と言われれば思い出せるとしても、そのゴールについて「昨日、頭にあったか?」「先週は頭にあったか?」といえば、なかった人のほうが多いのではないかと思います。

そうであれば、結局、忘れているのと変わりません。こうした状態になっていると、習慣を続けていくモチベーションは落ちてしまいます。

そうならないようにするため、自分の習慣を思い出す習慣をまずはつくるわけです。すると、思い出した瞬間に習慣を遂行するキューとなって、行動に結びつきます。

では具体的にどうやればいいかというと、朝起きてすぐに何かをやることを習慣化するべきだという解説は前章でもしましたが、朝の習慣として、「自分が何をしようとしているか。その先にはどんなゴールを想定しているか」を声に出して読み上げるようにするのはオススメです。あらかじめゴールをメモしておいて、それを読むわけですね。

たとえば私であれば、「本か論文を読む」「バーピーをする」「動画を撮る」とかいろいろなことをメモに書いておいて、それを朝起きた瞬間に音読する、というふうにしています。

メモを読む、といった簡単な行為は負荷が少ないので、比較的、習慣化しやすいものです。

このようなごくごく簡単なことの習慣化に成功するだけでも、習慣化に必要な自己コントロール能力は鍛えられ、他のことも習慣化しやすくなっていきます。

そのうえ1日1回、ゴールを思い出すようにすれば、それがまた他の習慣化をあと押ししてくれます。夜寝る前にも読み上げるようにすると、習慣がちゃんとできたかというチェックにもなるのでなおいいと思います。何回も何回も想起することで、自分がやるべきことに目を向けるという自己コントロール能力がさらに高まっていきます。

つまり、やるべきことのメモを読み上げるという小さな習慣を持つだけで、人生が大きく変わっていくということです。

Technique 4

実践的「ポジティブ・キュー」のつくり方

４つめに挙げるのは**「ポジティブ・キュー」**です。

ここでいうキュー（Cue）とは、何かの始まりの合図のこと。映画の撮影現場などで「スタート！」とカチンコを鳴らすのもキューです。

このテクニックは、**習慣づけしようとしている行為を怠らず、常にゴールを思い出せるようなキューを最初からつくっておく**、というものです。

「誘惑に負けそうになったらゴールを思い出しましょう」

「そのときはいままでがんばってきたことを思い出しましょう」

などは、習慣化のコツとしてよく言われています。それはそれで正しいのですが、問題はそれを思い出さなくてはいけないタイミングを逃しやすいことです。

「いつのまにか誘惑に負けていた」

「忙しさにかまえて習慣づけしようとしていたことを思い出しもしなかった」というように、〝気づいたら習慣化に挫折していた〟という場合がそうです。

そういう繰り返しのなかで習慣づけに失敗するのが非常によくあるパターンなので、あらかじめその対策を取っておくのが、ポジティブ・キューの考え方です。

「自分に思い出させる」、具体的なやり方

詳しくご説明しましょう。

間食しない習慣をつけて、体重を減らそうと考えている場合を例にします。

この場合、冷蔵庫を開けてスイーツを手に取りかけたときに「いやいや、水着の似合うナイスバディになるんだ！」と思い出すようにすればいい、と考えるのは甘すぎます。こうしたときには、ゴールを思い出すどころか、何も考えず無意識に手を出している場合がほとんどだからです。では、どうすればいいのでしょうか？

単純な方法ですが、**冷蔵庫のドアに「スイーツを食べない」と貼り紙しておけばいい**のです。この場合、**貼り紙がポジティブ・キュー**になります。

＜ポジティブ・キュー＞

この貼り紙の効果をさらに高める方法もあります。できるだけ**ビジュアルに訴える**のです。スイーツの写真にバッテンマークやドクロマークをつけたものをプリントして冷蔵庫にベタベタと貼っておくのもいいでしょう。

もうひとつのポイントは、写真だけでなく「スイーツを食べるな！」とも書いておき、**ビジュアルと文字の両方から訴える**ことです。

文字の入れ方にもポイントがあります。たとえば私がその本人だとするなら、「Ｄａ・ｉＧｏ！　スイーツを食べるな!!」と名前を入れて、**第三者から止められているように感じる文面**にします。こうした書き方にすることで、成功率が高まることが研究で判明しています。

なぜかというと、**人間は第三者に見られている感覚になるほど、自分をコントロールできる**からです。

鏡を使って客観視する

第三者に見られることで自分をコントロールする、という法則をさらに生かす方法もあります。

冷蔵庫がポイントだとすれば、冷蔵庫に**鏡を貼っておく**ようにします。最近は通販で安く買えるシールタイプの鏡などがあるので、そうしたものを利用するのもいいでしょう。

そうすると冷蔵庫を開けようとしたとき、鏡に自分の顔が映し出されるので（貼る位置などの工夫は必要です）、冷蔵庫を開けようとしている自分を客観的な目で見ることができます。

それとともに「ＤａｉＧｏ！　スイーツを食べるな!!」と書かれて、バッテンマークもついている貼り紙を目にすれば、二重、三重の抑止効果が期待できます。

他のことでも同じようにできます。

たとえば朝起きてから仕事に出かけるまでにスクワットを30回やることやバーピーを4分やることを習慣づけていたとします。それをさぼらないようにしたいなら、いかにも朝、時間をつぶしそうな場所や必ず行く場所に「ＤａｉＧｏ！　バーピーをさぼるな!!」という貼り紙しておき、できれば鏡にも貼っておきます。

その鏡にさぼろうとしている自分の弱い顔が映されたときには、その顔を人に見られて、「さぼるな！」と言われている感覚になれます。

それだけでかなり大きな抑止効果が期待できます。シンプルで効果抜群な方法なのでぜひ取り入れてみてください。

Technique 5

コンボにもできる「生産的イメージング」

5つめのポイントは**「生産的イメージング」**です。

「生産的イメージング」のお話をする前に少し復習になりますが、「コミットメント想起タイミング」の項で、**ゴールを定期的に思い出すことの大切さ**を解説しました。

そのときにひとつ注意していただきたいことがあって、それは、「5キロ痩せる」というような数字的な目標を定期的に思い出すのは効果的なのですが、**ゴールした自分を想像してしまうのは逆効果になるのでNG**、ということです。この2つは一見似ているのですが、効果は真逆なのです。

パブリック・コミットメントの項でも解説したように、ゴールした自分を想像すると、その段階でもう「やった気分」になり、かえって習慣化に挫折してしまうからです。

週末にジムに行くのを習慣化しようとしている人が、それを守ってジムに行って汗を流している自分を想像すると、ジムに行く確率は下がります。想像するだけでジムに行った気になるからです。

それどころか、ジムに行ってもないのに行った気になり、よけいなものを食べてしまうこともあるくらいです。そういう失敗を避けるためにも思い出すのは数字だけにしておくべきです。

では、生産的イメージングとは何のことなのか？

ゴールを達成した自分を想像するのではなく、**自分が日々やってきている努力や進歩を想起する**ことです。

前章のスモールステップの項では、「誘惑にあらがった回数」や「挫折から立ち直った回数」をカウントしておくのもいいと解説しましたが、その具体的な状況を頭に思い浮かべます。

どういうときにどんな誘惑を乗り越えたかを思い起こし、できればノートなどに書

いておきます。

たとえばダイエットしようとしている人が友達とランチに行ったとき、みんながスイーツを頼んでいるのに自分は頼まなかったとすれば、自分をホメてあげたくもなるはずです。

思い起こすべきなのはまさにそういう瞬間です。

欲望に打ち勝った過去の自分を繰り返し思い出す。これも効果的なテクニックで、それだけのことでも習慣化できる可能性が高まります。

飲み会の翌朝、ジムに行くのを休もうかと悩みながらも、がんばってジムに行ったとします。一度でもさぼると習慣化に失敗するからと考えてそれができたとすれば、寝る前にそのことを思い出します。そんな自分を誇らしく感じられたなら、いい睡眠がとれ、ジム通いの習慣化に近づけます。

こうした生産的イメージングは、パブリック・コミットメントやコミットメント想起タイミングなどと並行して取り入れていけます。

私が実際にやっているのは、**朝起きて、その日にやるべき習慣を読み上げる**ことです。

寝る前にもまたそれをします。このときは「今日1日、どういうふうに欲望を乗り越えて、行うべき習慣をこなしたか」を思い出して書きとめておきます。もし、何かがあって、やるべき習慣ができなかったとしても、オレってダメだと落ち込むのではなく、「どうして今日はできなかったか」を整理して、対策を考えます。

それで眠ればオーケーです！

そのうえ、週イチなどで友達とパブリック・コミットメントができたなら、いうことはありません。

このようにここで紹介しているテクニックはすべてコンボでまとめて使えます。

まとめて使えば使うほど、習慣化の達成率が上がっていくので、できるだけそうしてください。

Technique 6

積極的にコミュニティに参加！
「友人サポート」

6つめは**「友人サポート」**。

シンプルな法則です。**何かの習慣化を目指しているときには、同じ目標を持っている人とのコミュニティをつくるのがいい**、ということです。[26]

定期的に報告し合えるパートナーをつくるのが有効なのと同じです。

筋トレを習慣化したいなら、習慣的に筋トレをしている人、あるいは習慣的に筋トレをやりたいと思っている人たちが集まるコミュニティに入る。それによって切磋琢磨できるパートナーが複数いるのに近い状況になります。

ダイエットをがんばるときでも、何かへの依存から脱却しようとしているときでもそうです。

大麻所持容疑で逮捕されたタレントが初公判のときにいっしょに大麻をやっていた

女性とは別れず、「2人で助け合いながら生きていきたい」と公開プロポーズとも取れる発言をして物議をかもしたことがありました。「再犯につながりやすい」「共依存の関係になる」などといった否定的な見解も目立っていたものです。

私はむしろ、このタレントの考え方は正解だと思います。

習慣づくりをするのも、悪い習慣を直そうとするのも同じで、ひとりで孤独に戦うよりは、わかり合えるパートナーがいるほうが成功の確率は高まるからです。

いまはいろいろなところでいろいろなコミュニティをつくれる時代です。SNSで悪いグループをつくる人もいますが、「いいグループ」をつくるのも有効です。

孤独に戦って勝てるのはドラマや漫画の世界だけのことだと考えてください。なお、「習慣化を達成するための友達のつくり方」は幅広いテクニックなので、第6章でも詳しく解説します。そちらも参照してみてください。

Technique 7

一度さぼっても大丈夫!?「セルフ・コンパッション」

7つめは**「セルフ・コンパッション」**です。

コンパッション（Compassion）は「同情、共感」という意味で、**セルフ・コンパッション（Self Compassion）は、「自分を受け入れる、自分にやさしくする」という意味**です。

ひとつ知っておいてほしいことがあります。習慣づくりに失敗して、途切れてしまうのは、さぼってしまったその日ではないということです。

1日や2日さぼっても、それで習慣が途切れてしまうわけではないのがわかっています。

だとすれば、なぜ途切れてしまうのでしょうか？

1日さぼってしまったときに自分を責めたり、自己嫌悪に陥ったりすることが、習

慣を途切れさせる原因になります。そうなることを避けるためにも、失敗を受容するセルフ・コンパッションが求められるのです。

● 自分に厳しくするとよけいに失敗する

もう少し詳しく解説します。

習慣化に限らず、何かに失敗をしたときは、失敗の原因を振り返り、同じ失敗を繰り返さないように、もう一度チャレンジしようとすることが多いと思います。

たとえばテスト勉強に失敗していい点が取れなかったとすれば、どこに原因があったかを振り返り、「テスト勉強を始める時期が遅かった」と反省したら、「次はもっと早く勉強を始めよう」と目標を立てます。

あるいは、本をたくさん読みたいと思って、週１冊、月４冊の本を読もうと目標を立てたとします。それで結局、２冊しか読めなかったときに、来月はしっかり４冊読むぞ、となるのではなく、「今月の失態を取り返すために来月は６冊読もう」と考える人がいるのです。

つまり、失敗したことで自分を責めたり自己嫌悪に陥ると、より無茶な目標を立ててそれを取り返そうとしたり、または、「やっぱり自分はダメなんだ」と思ってそこで習慣をやめてしまうという、どちらかが起きてしまうのです。

するとどうなるかというと、無茶な目標を立てるとほぼ間違いなく挫折します。最初の簡単な目標もクリアできなかったわけですから、さらに目標を上げて「今度はやるぞ！」と意気込んだとしても、当然挫折してしまうわけです。この挫折が続くと自己嫌悪が高まり、自己コントロール能力も失っていってしまいます。

では、一度失敗したときに、それで挫折してしまわないためには、どうすればいいのでしょうか？

答えは簡単です。自分を責めないようにすることです。

いい意味で自分を許して受け入れてあげる。

この姿勢が大切になるので、セルフ・コンパッションの技法を使えるかどうかは、非常に重要なポイントになるのです。

セルフ・コンパッションについてはよく理解していただきたいので、第4章でもより詳しく解説します。

＋αのテクニック

「動き」を取り入れるのが成功の秘訣！「エンボディドハビット」

ここまで、ワシントン大学の研究から5つのテクニックを紹介しました。

２０１９年には、ウィスコンシン大学でも、習慣化に関する要点がまとめられているので、それについても簡単に紹介しておきます。[27]

ウィスコンシン大学でもやはり、習慣化するうえでは簡略化、細分化を考えるのがいい、という研究結果がまとめられていました。前章で紹介した「20秒ルール」や「スモールステップ」の有効性を裏づける発表です。

他にもいくつかの興味深いテクニックが挙げられていました。

そのうちの1つが**「何かの習慣化を試みる際には、動きを取り入れるべき」**というものです。

体を動かす行為のほうが習慣化しやすいので、どんな行為の習慣化を考える際にも「動き」を導入すべきだということです。

本来、あまり体を動かす必要がない習慣があります。読書などもそうで、普通はページをめくるくらいしか動きはありません。そうだとしても、そこにそれ以外の動きを取り入れるようにするのがこのテクニックです。

そうはいっても、読書に動きを取り入れるってどうするの？　と疑問を持つのは当然だと思います。

例を挙げます。

歩きながら読む。

踊りながら読む。

本に書いてあることをジェスチャーのように体で表現しながら読む。

スクワットしながら読む。

バーピーをやりながら読む……。

少し無理はあるかもしれませんが、極端にいえば、そういうことでもいいのです。

あまり突拍子もないことをしたくないというなら、読んでいておもしろい箇所を見つけたときには「声に出して読む」「それを録音する」「字として書き出す」、などという行為をつけ加えるのも効果的です。

いずれも本の内容をよく理解して覚えるのに適した方法ですが、習慣化を考えたうえでも効果が期待できます。

間食しないことを習慣づけたいのであれば、冷蔵庫に行って、出しかけた手を引っ込めるだけではなく。そのままコントのようなアクションを行うと決めて、あらかじめその振りつけもしておく。

あまり人に見られたくないようなバカバカしいことでも、そういうやり方をしたほうが習慣化しやすくなります。

+αのテクニック

オーディオ・キューとビジュアル・キュー

オーディオ・キューと**ビジュアル・キュー**を使う方法もあります。

人間の感覚では、視覚と聴覚の2つが占める割合が非常に大きくなっています。

たとえばスマホにメッセージなどが届いたときには、音と光でそれが知らされます。

それによって脳の注意はすぐにそちらに向けられます。

そういう原理を応用するのがこのテクニックです。

運動を習慣化したい場合、YouTubeなどを使い、その運動をしている動画を見ながら行うように決めれば、習慣化しやすくなります。

その動画の始まりにアラームがあるなら、そのアラームが鳴るだけでも運動を始めたくなるものです。

運動に限らず、作業でもなんでもそうです。

何かを習慣づけるときには聴覚と視覚に訴える動画などを常に再生するようにして

関連づけておくのがいいわけです。

その習慣を始めるときにわざわざその動画を検索しなくても、スマホであれば、ウェブサイトの特定のページを開くリンクをホーム画面に置いておくこともできます。そうしておけばワンタッチでその動画をスタートさせられるので、習慣化したい運動や作業をするたびにそうします。

YouTubeやスマホを使ったやり方に限らず、視覚と聴覚を特定の行動と結びつける方法は有効です。

7つの心理テクニックとともに、こうした方法論もぜひ試してみてください。

第2章のまとめ

成功確率を極限まで高める7つの心理テクニック＋α

❶ パワフル・バーブを使う
❷ パブリック・コミットメントと定期的な報告を組み合わせる
❸ コミットメント想起タイミングをつくる
❹ ポジティブ・キューをつくっておく
❺ 生産的イメージングを欠かさない
❻ 友人サポートを考えてコミュニティを利用する
❼ セルフ・コンパッションで失敗を許容する

＋

● 習慣は体を動かすことと組み合わせる
● オーディオ・キューとビジュアル・キューを利用する

第3章

三日坊主にならない【習慣維持テクニック】

何をやっても三日坊主で終わってしまう人は少なくないと思います。第１章、第２章でそうならないだけのテクニックを身につけられたはずですが、ここでは挫折防止をより強化していきます。

一度身につけた「いい習慣」は永遠のものにしたいもの。そのレベルを目指して使える７つのテクニックを紹介します。

Technique 1

「やればできる！」という自己効力感を応用するテクニック

第1章、2章では「いかに習慣化を成功させるか」の解説をしてきました。この章では「習慣化できたと思っていたことが途切れそうになったときにどのような手を打つべきか」「どうすれば習慣をなるべく長く続けていけるか」という観点から解説していきます。

1つめは**「自己効力感」**に注目したテクニックです。

自己効力感とは、これからやろうとしている行為に対して**「自分はうまくやれる！」**という期待や自信を持っていることです。要するに、「やればできる」「努力次第で結果は変えられる」という感覚が強いかどうか、です。

自己効力感が高ければ、考えていることを実行に移し、困難に直面しても努力を継続できるようになります。その結果、習慣化に取り組んだときには成功率が高くなる、すなわち「三日坊主にならない力」になるわけです。

自己効力感は小さな成功の積み重ねによって高められます。

そのため、**ほんのちょっとしたことの習慣化が自己効力感を高め、それによってまた習慣化の成功率が高くなるという好循環**をつくっていけます。

自己効力感は身近な人から伝染する！

2018年にはベルリン自由大学が85組のカップルを集めておもしろい実験を行いました[28]。この85組は、男女のいずれかが禁煙を始めたカップルです。

実験は、21日間、被験者に対して、タバコを吸った本数や自己効力感のレベルなどを調査しました。すると、自己効力感が高い被験者ほど禁煙に成功する確率は高くなるのがわかりました。

ここまでは当たり前という気がしますが、もうひとつ注目されたのは、**被験者（禁煙をする人）の自己効力感は、パートナーの自己効力感と連動している**のがたしかめられた点です。

パートナーの自己効力感が高ければ被験者の自己効力感も高くなって禁煙が守られ

る確率が上がり、パートナーの自己効力感が低くなれば被験者の自己効力感も低くなり、タバコに手を出してしまうのです。

ですから、習慣化がうまくいくかどうかは、まわりにいる人、恋人、夫婦、家族はもちろん仕事上の仲間など、密接に触れ合う人の自己効力感に大きく影響を受けているということなのです。

これをテクニックとして応用しようとすれば、パートナーの自己効力感が高いのがベストなのはもちろん、パートナーに限らず、自己効力感が高そうな人には少しでも接近していくように意識したいところです。

「有言実行の人」に心当たりがあるなら、その人に近づき、少しでも話をしたり、LINEを送るなどして心理的な距離を縮めていく。

たとえば禁煙したいならそばに自己効力感の高い人にいてもらう。ジム通いを始めるなら、そういう人といっしょに通うか、ジムでそういう人を見つけて接近していく。それだけでも自分の自己効力感を高められ、習慣づくりに必要な力をつけられます。

このような姿勢をもっていることが思いのほか結果につながっていくものです。「やればできる！」と考える力はそれだけ強いということです。

Technique 2

習慣を「身につけるポイント」と「長く続けるポイント」の違いに注目する

2番目は、**「習慣形成」と「習慣強度」は分けて考える**、という心理テクニックです。

つまり、**「習慣を身につけること」と、「その習慣を長続きさせること」は別のこと**なので、それぞれ別々のテクニックが必要だ、ということです。

実をいうと私も、新しい習慣を身につけるのはあまり得意ではないのに、一度習慣化したことは長く続けられるタイプです。

どちらが得意かという点では個人差があります。

このことを理解していると、**新しい習慣を身につけるときにはどんな要素が求められ、身につけた習慣を維持していくにはどんな要素が求められるか**、という違いがわかってきます。非常に重要なポイントです。

長く続けるいちばんのポイントは、「手軽さ」

2005年にはエラスムス大学がおもしろい実験をしています。[29]

この実験は、521人の男女を集めて、フルーツを食べる習慣について調べました。フルーツを食べる習慣が高いほうから、習慣強度が「高い」「中程度」「低い」の3グループに分けて、5週間、観察を続けました。

その結果としてわかったのは、習慣強度が低いグループ（ふだんあまりフルーツを食べない人たち）は、「今日はフルーツを食べるぞ！」という意識を強く持てるかどうかが、フルーツの消費量とはっきり相関していたということです。

中程度のグループもやはりそうでした。それに対して、習慣強度が高いグループ（ふだんフルーツをよく食べている人たちは、「フルーツを食べるぞ！」という意識の強さはフルーツの消費量と相関していなかったのです。

では何によって消費量が左右されたかといえば、「手軽にフルーツを手に入れられるか」ということでした。もともとフルーツを食べる習慣があるので、スーパーが近くにあるとか、いただきものをするとか、手軽にフルーツが手に入るかどうかといことだけが、消費量に影響したわけです。

この結果はそのまま「習慣形成」と「習慣強度」に対する考え方につなげられます。**習慣化の初期には「やるぞ！ やるぞ！」と自分に言い聞かせる〝意志の力〟が必要です。しかし、ある程度、習慣化ができたあとは、その習慣を行う手軽さを重視するように〝方法論〟を考えるのがいい**ということです。

私にしても、ニコニコ動画の放送などを「よくこれだけ長く続けられているなあ」と自分で感心します。放送のためにはかなりの文献に目を通す必要があるので、なかなか大変な作業です。それでもいまはそれが習慣化できています。

それができるようになったのは、ある時期からは、やはり「放送を続けていくんだ！」と自分に言い聞かせるのではなく、「どうすれば、できるだけ気軽にいい放送ができるか？」を考えるようになったからだと思います。

気軽、手軽というと、その行為を軽んじているような印象を受けるかもしれませんが、そうではありません。第1章の「20秒ルール」でも解説したように手間を減らして効率化していく姿勢は仕事などでも大切です。効率化は常に考えていきたい重要ポイントです。

Technique 3

効果が持続する「モニタリング」

3番目のテクニックは**「モニタリング」と「インセンティブ」**です。

モニタリングは「見られている、観察されているという感覚」です。

そしてインセンティブは「達成報酬」、すなわち「ごほうび」です。

ハーバードビジネススクールでは2016年にベンガル国で3763人の子供を対象に、手を洗う習慣をつけさせる実験を行いました。[30] 対象家庭にレバーを押すと石鹸が出てくるソープディスペンサーを配り、石鹸で手を洗う回数を調査したのです。

この実験は、まさにモニタリング群とインセンティブ群に分けて経過が観察されました。

モニタリング群は、何回手を洗ったかを毎日チェック（配られたソープディスペンサーに、使われた回数が記録されるようになっていたわけですね）され、「先週より何回増えた、減った」「何時頃よく使っていた」というように、対象家庭に、定期的に手洗い習慣がどれくらい実行できているかどうかのリポートを届けるようにしました。つまり被験者に、「監視されている」という感覚を持たせるやり方です。

一方インセンティブ群に対しては、ちゃんと手を洗っていればおもちゃや食料品などのごほうびを与えます、というやり方をしました。いわばモノで釣る方法です。

あなたはどちらが効果的だったと予想しますか？

3カ月後に出た結果では、「モニタリング群のほうがインセンティブ群より23％も多く手を洗っている」ということが判明しました。つまり、長期的な視点で見ると、習慣を身につけるにはインセンティブよりもモニタリングのほうが効果が高かったわけです。

それだけではありません。実験を終えてモニタリングもインセンティブもやめたあとにどうなったかを調べてみると、さらに驚きの結果が出ました。

インセンティブ群は、実験が終わると見事なほど手を洗わなくなったのに対して、モニタリング群は手洗いの習慣を保ち続けていたのです。

この結果からわかるのは、私たちは、**長期的な習慣をつけたいときにはモニタリン**

グをとりいれたほうがいいということです。

いちばんいいのは家族など身近な人に「今日、僕が習慣ができたかどうか聞いてね」というふうに確認（監視）してもらうことですが、自分で「今日はやった」「何回やった」と記録をとるのでもいいですし、習慣ができたかどうかチェックするためのアプリもありますので、そういったものを利用してもいいでしょう。

ベンガル国の実験は3カ月でしたが、実際に、それくらいの期間モニタリングすると、モニタリングをやめたあとも習慣が続くという研究結果が出ています。[31] 延々と誰かにモニタリングを続けるのもたいへんですから、3カ月をめどにやってもらうといいでしょう。

以上のことからわかるように、インセンティブの効果を持続させるためには、一生ごほうびを与え続けなければならないのに対し、モニタリングでは一定期間続けて習慣化ができればそのあとも習慣が続きやすくなりますから、自分だけでなく、子供に何か習慣をつけさせたい場合もよい方法だと思います。

記録の力はすごい、と思います。

Technique 4

インセンティブを有効にする方法

モニタリングVSインセンティブでは、モニタリングのほうが習慣化の効果が高い！とお伝えしましたが、ではインセンティブは使えないテクニックなのかといえば、そんなことはありません。ただし、インセンティブを使うときにはコツが必要です。

インセンティブを使ってモチベーションを高め、習慣化を加速するテクニックが、**「インセンティブ・リマインダー」**です。

文字どおり、インセンティブがあることを定期的に思い出させるやり方です。この効果が高いことはペンシルベニア大学の実験によって立証されています。[32]

この実験は、2055人を2つのグループに分け、万歩計をつけて歩かせて、その歩数を比べる、というものでした。

グループAは、「一定歩数を歩くごとに25ドルがもらえる」というグループ。

そしてグループBは、「一定歩数を歩くごとに25ドルがもらえる」というのは同じなのですが、定期的にそのことが記されたメールが届くインセンティブ・リマインダー・グループです。

こうした報酬があることを簡単に忘れるはずはないので、それほどの違いはないように思われるかもしれませんが、実際は大きな違いが出ました。

14日が経過した時点で確認すると、定期的にメールが届くグループB、すなわちインセンティブ・リマインダー・グループのほうが20％も多く歩いていたのです。

条件を忘れるはずがない14日間でこれだけの差がつくのは、**ごほうびを定期的に確認するだけでもモチベーションが大きく違ってくる**、からです。

自分にごほうびをリマインドする方法

この研究結果も応用できます。

まず自分でインセンティブを設定します。「○○を達成したら○○」「その次に○○を達成したら○○」などと段階に応じたごほうびを決めます。

それぞれの目標が厳しい場合、達成までに時間が空いてしまう場合があります。そうするとと、インセンティブを設定したことを忘れ、前に紹介した、インセンティブがなくなったら途端に手を洗わなくなってしまった子供たちと同じ状態になってしまいます。そこで、設定したインセンティブを定期的に思い出すシステムをつくっておくわけです。

私の場合も、最初、ニコニコ動画の会員10万人をめざしていたときはすごくモチベーションが上がりましたが、次の目標が20万人、その次が30万人、となると、目標が遠くなってモチベーションが落ちてしまいます。そこで、モチベーションが落ちないようなごほうびを設定し、しかもそれを定期的に思い出すようにするとよい、ということです。

その思い出し方ですが、スマホのリマインダーアプリなどを使えば、毎日、通知が届くように簡単に設定できますし、第2章で紹介した「コミットメント想起タイミング」とセットにして、毎朝、自分の目標とともにごほうびを読み上げるようにしてもいいでしょう。

ちょっとした工夫次第で、習慣強度は高められるのです。

Technique 5

習慣化の最終到達地点、「誘引習慣」

5番目に挙げたいのは**「誘引習慣」の形成**です。

「やるぞ！」などと考えることもなく、**何かのきっかけで反射的に始める**のが誘引習慣です。すなわち、誘引習慣は習慣化の「最終到達点」ということもできます。

普通、習慣化が難しいと思われている行動を習慣化できている人は、**本人が意識しているかどうかにかかわらず、誘引習慣を形成している**場合が多いことがわかっています。[33]

アイオワ大学では、123人の学生に運動習慣についてのアンケートを取ると同時に、彼らが「運動習慣をつけるためにどんな戦略を用いているか」を調べました。

習慣化のなかでも運動習慣は身につけることがもっとも難しいひとつです。

学生たちはそれを果たすために2つのパターンの戦略を採っていました。

そのひとつが、**「誘引習慣」**です。

朝、歯を磨いたら運動する。会社から帰宅して着替えたら近所のジムに行く……などというように**〝きっかけがあればすぐ行動に移す〟**やり方です。

そしてもうひとつが**「実行習慣」**です。こちらは、たとえば、「ジムに行ったら初めにスクワットをやって次にベンチプレスをする」というように、あらかじめどういうトレーニングを行うかを具体的に決めておくやり方。いわゆるルーティーンです。ルーティーンとしてやることのチェックリストをつくり、完全に頭に入れて、**決めたことは確実にこなしていく**やりかたです。

実験では、運動を習慣にできた学生はこの2つの戦略を主に使っていたのですが、その後統計をとってみると、実行習慣よりも誘引習慣、つまり〝きっかけベース〟の戦略をとった学生のほうが、より運動習慣が続いていたことがわかりました。

この話が面白いなと思うのは、普通、やるべきことのチェックリストをつくることは、よいこととしてよく推奨されているのですが、それよりも、「○○したら××する」というように「何かをするきっかけ」を設定しておいたほうが効果が高かったという点です。

すでにピンときている人もいるはずですが、**誘引習慣とはすなわち、第1章で解説した「If then プランニング」です。**If then プランニングは「習慣化の帝王」とも呼ばれています。そしてこのアイオワ大学の研究からも、誘引習慣がいかに最強であるかが証明されたわけです。

「きっかけ」だけつくって習慣を自動化する

誘引習慣がさらにすごいのは、何かをきっかけにある行動をする、ということを**長く続ければ続けるほど、習慣の強度は増し、エクササイズの回数が増したりよりハードな運動を取り入れるなど、よりアクティブに行動する**ようになったことです。

それに対して実行習慣を使った場合は、長い期間続けられたとしても、エクササイズの回数や時間を増やすといった、よりアクティブになるような傾向は認められませんでした。

誘引習慣では、チェックリストをつくることもなく、ただきっかけをつくるだけです。〇〇になったら運動する、〇〇のあとに運動する……と決めておくだけなのに、それだけで行動の頻度が増すばかりか、内容までが充実し、習慣が加速していくわけです。

運動に限らず、勉強でも読書でも、始めるきっかけさえ決めておけば、習慣化しやすいだけでなく、こうしたステップアップまで期待できるわけですから、ぜひ取り入れたいところです。

誘引習慣やIf thenプランニングは、難しいことは考えず、とりあえず「きっかけだけ決めておく」という、いたってシンプルな戦略です。

そのシンプルさこそが重要なポイントだともいえます。

２０１７年のカリフォルニア大学の研究では「習慣化の方法に関してある程度の知識を得たら、そこから先はあまり考えすぎず、最初の一歩を踏み出すようにしたほうがいい」ということがまとめられていました。[34]

いっさい何も考えず、ただがむしゃらにやればいいということではありません。**きっかけの部分だけフォーカスしておけばスタートできるので、「どうやったら効果的か」「どうしたらもっとたくさんできるか」など、高度なことを考えるのは習慣が身**

につきはじめてからでもいい、ということです。

ところで第1章ではIf thenプランニングのルールづくりをするうえでは**「コンテクストの固定」**が大切になるということを解説しました。できるだけ同じ時間、同じ場所で始められるきっかけを設定したほうがいいということです。それによって習慣強度は高くなるので、誘引習慣、すなわちきっかけを設定するときにこの点だけは最初から注意しておきたいところです。

永遠に続くような習慣をつけたいときは、できるだけコンテクストを固定できるようなきっかけを考えて、誘引習慣を形成していくと、より効果的だということです。

Technique 6

「退屈」が意味することと「アレンジ」の重要性

習慣に挫折する理由は2つあります。

ひとつは「自己否定」。これについては第4章で詳しく解説します。

そしてもうひとつが「退屈」です。退屈は習慣を挫折させる非常に大きな原因ですから、ここから紹介するテクニックは、この章のハイライトともいえます。

実際、**習慣と退屈は切っても切り離せない関係**にあります。

まず知っておいてほしいのは、何かを習慣化しようとする際は、**「その行為を退屈に感じるようになるほど続けなければ習慣にはならない」**という点です。

たとえば歯を磨いているときのことを考えてみてください。

歯磨きは毎日の習慣です。やるたび、歯ブラシや歯磨き粉に感動して、「この磨き心地と清涼感がたまらない！」と目を輝かせて歯を磨く人はいないと思います。いるとしたなら歯磨きマニアです。歯磨きマニアでなければ、下手をしたらスマホやテレビなど見ながら、何も考えずにぼーっと行っている場合がほとんどでしょう。そうなっていてこそ完全に習慣化しているといえます。

そこから先にジレンマがあります。

退屈になるほど繰り返し行うことで習慣化するにもかかわらず、退屈になればやめてしまう危険が高まるからです。

そこで考えるべきなのは、**「退屈を乗り越える方法」**です。

習慣がもつ、矛盾した性質

ミシガン州立大学では「習慣化された行動に対してどういうことを感じているか」を日記形式でチェックしていく研究を行いました[35]。

その結果、習慣化されていない行動に対しては、嫌なことなら「面倒くさい」とか「しんどい」と思い、楽しいことなら「うわあ！」と夢中なる、ということがわかりました。しかし、その行動が習慣化していけば違ってきます。いい意味でも悪い意味でも、そうした感情がなくなります。喜びもつらさも感じないのです。**習慣化されている行動をとっているとき、人は、ほとんど何も感じず、何も考えていません。**

自尊心を感じることもなく、それをやっている自分を誇らしくも思いません。その行為に対する反応を脳がセーブするようになっているからです。そうなると、モチベーションも保てなくなり、習慣は途切れやすくなります。

つまり**習慣は、身につけば身につくほどそれを行うことの感動がなくなり、心理的モチベーションが減って挫折しやすくなるという、矛盾した性質**を持っているのです。

これが**「習慣の二重法則」**と呼ばれます。

●長続きさせるためのアレンジ

楽しさやつらさを感じているうちはまだ習慣が身についていない証拠といえます。楽しさもつらさも感じなくなってきたら習慣化してきたと同時に挫折しやすくなっているということですが、本当に習慣にしたいなら、とにかく続けていくしかありません。

無感情になるほど習慣化できてもモチベーションを低下させないためには、何かし

＜習慣化＞

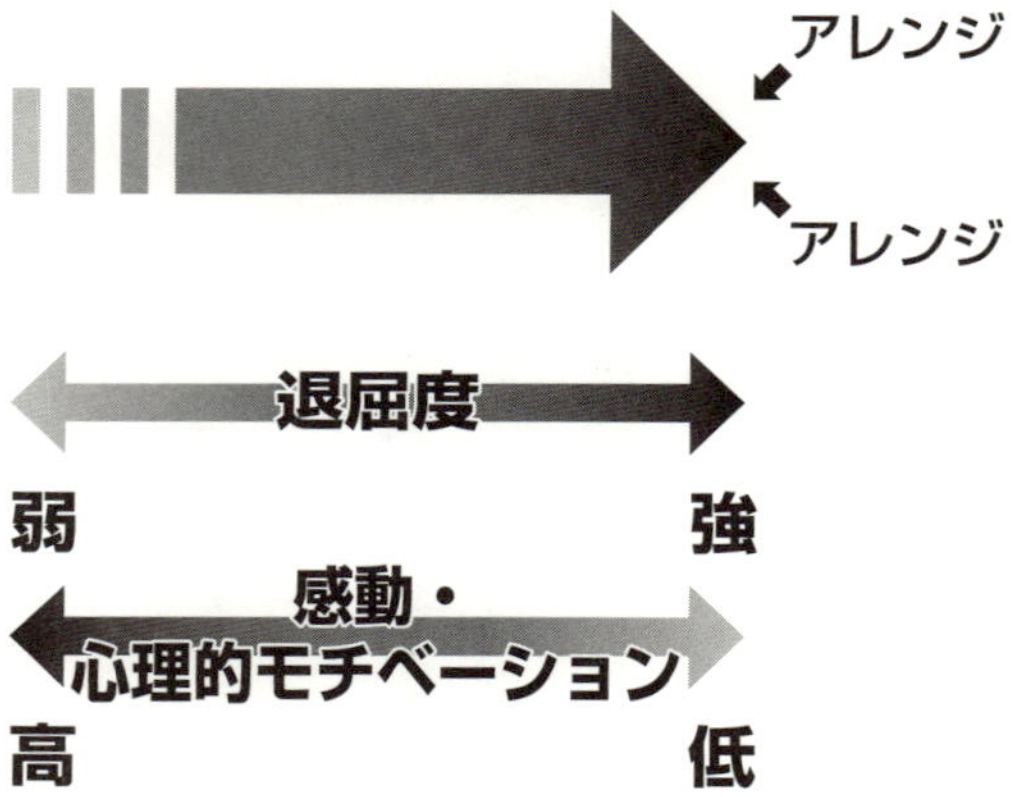

らのアレンジを考えるのが有効です。

どういうアレンジをしたらいいかというと、「習慣強度」のところでお話ししたように、その習慣を、効果はそのままに「もっとラクにできる方法」を考えてください。

私の場合でいえば、「もっとラクにニコニコやYouTubeの放送はできないか」「もっと効率的にできる方法はないか」と常に考えていることがアレンジに当たります。

第1章の「20秒ルール」のところで紹介した、「朝、起きたらすぐにジムに行くために、はじめからトレーニングウエアを着て寝る」というような工夫もアレンジのひとつですね。

そういう発想でいると、**アレンジ方法を探していること自体に楽しさを感じるようになります。**

「いいアレンジはないか」と考えながらその行為を続けていれば、習慣は途切れにくくなるというわけです。

好奇心は最強！

習慣にアレンジを考えることがなぜプラスに働くのかといえば、**好奇心が刺激**されるからです。

人は好奇心にはあらがえないところがあるので、それを利用して習慣化を続けるわけです。

それを裏づけた、ウィスコンシン大学で行われた面白い実験を紹介しましょう。[36]

参加者に2種類のクッキーからどちらかを選ばせる実験です。

一方はチョコなどがトッピングされていて、とてもおいしそうだけれど高カロリーで見るからに不健康なクッキー。もう一方はトッピングなどはないシンプルなクッキーですが、なかにおみくじが入っているフォーチュン・クッキーです。

結果は、71％の人がフォーチュン・クッキーを選びました。

一般的に、人は自己コントロール能力が弱く、なかなかストイックにはなりきれない生き物です。

たとえば、ふだん健康に気を使っている人に2種類のメニューを出したときでも、「どちらが健康にいいか」という観点だけで選ぶ人は少なく、どうしても好きなものとかおいしそうなほうを選んでしまうものです。

ところがこの実験では、「おいしそう」ということよりも「どんな運勢が出るのか」ということが気になり、味という点では劣っているフォーチュン・クッキーを選ぶ人が多かった。つまり、それほど「好奇心」の力は強いということです。

このことから、意志の力が弱い人でも好奇心には引っ張られるので、自分がやる行動に対してアレンジを加え、自分で自分の好奇心を刺激していくと、習慣を行うモチベーションが保てるというわけです。

Technique 7

「どうにでもなれ！」をふせぐ3つの方法

最後のポイントとして**「どうにでもなれ効果」への対策**を解説しておきます。

「どうにでもなれ効果（The what the hell effect）」とは、たとえばダイエットをしている人がお昼についケーキを食べてしまったようなとき、「もう食べちゃったんだからいいや！　やめたやめた、夜も食べちゃえ！」と逆ギレしたような状態になることをいいます。

お金に関してもこれに近いことが起こります。財布に1万円札があるときはなかなかお金を使わずにいたのに、300円の買い物をしたことで千円札に崩れると、途端に金遣いが荒くなります。

キレイな街でもタバコの吸い殻などが捨てられているのを見るとポイ捨てしてもいい気になる「割れ窓理論」にも近い部分があります。

一度挫折したからといって、それまでの努力をムダにするようにヤケを起こしてしまうのは絶対に避けたいところです。

この「どうにでもなれ効果」は習慣化の大敵ですから、これをふせぐ方法をぜひ知っておきましょう。

ポイントは3つあります。[37]

1つめは短期目標ではなく長期目標をつくることです。

短期目標しかつくっていないときに「どうにでもなれ効果」が起こりやすいことがわかっています。

今日はあまいものを我慢しようと考えるのではなく、「あまいものを食べないようにして半年後に理想の体型になる」といった目標を立てるようにします。

今月は3万円節約しようというのではなく「1年間で50万円貯金しよう」という目標を立てます。そうしておけば、一度の失敗でヤケを起こさず、長期目標達成のために修正していく気になれます。

2つめは「やらない目標」ではなく「やる目標」を立てることです。

「お金のムダ遣いを減らす」と考えるのではなく、「貯金額を増やそう」という目標にします。「お酒を飲まないようにする」というのではなく、「飲むのは炭酸水だけにする日を増やす」、というようにします。

「食べ・ない」的な目標は、挫折感を生みやすいからです。

「やめる目標」から「やる目標」に変えるだけで、挫折をふせぐのにはかなり効果があります。

3つめは「リカバリー回数」を数えるようにすることです。

挫折したり、習慣が途切れてしまっても、「そこから立ち直った」として、その回数をカウントします。

「今月は3回、ジムをさぼった」と考えるのではなく「3回、リカバリーした」と考えます。そうすれば、挫折したという感覚ではなく、**「誘惑を乗り越えた」という感覚**になれます。

次章では挫折をなくす方法を解説しますが、リカバリー回数を数えるようにすることも、「自分はダメだ……」とならないようにするためのテクニックのひとつです。

習慣づけをあきらめないためには大事なことなので、こうしたテクニックもぜひ試してみてください。

第3章のまとめ

三日坊主をふせぐための「7つのテクニック」

❶「自己効力感」の高い人をパートナーにする
❷「習慣形成」と「習慣強度」を分けて考える
❸「見られている感」を強くする「モニタリング」を導入する
❹「インセンティブ・リマインダー」を導入する
❺何かのきっかけで反射的に始める「誘引習慣」戦略を使う
❻「退屈」を感じるようになったらアレンジする
❼失敗から立ち直った「リカバリー回数」を数える

第4章

習慣の挫折をなくす【セルフ・コンパッション】

習慣はどうして途切れてしまうのか？

さぼってしまうからではありません。

さぼってしまったときに、「だから自分はダメなんだ」と自分を責め、自己嫌悪になってしまうことが原因です。

そんなとき必要なのは、「自分を許す」技術です。

それが苦手な人には、この章で紹介するテクニックが役に立つはずです。

習慣化に失敗しがちな人のメンタルとは

習慣をやり損ねてしまったときに、「自分はなんて意志薄弱でダメなんだろう」「こんなことじゃいけない。もっとがんばらなきゃ！」と自分をむやみに責める人がいます。しかし、「自分はダメなんだ」と思うと、もちろん続けるモチベーションは上がらなくなりますし、人間ネガティブな感情を避けるようにできているため、習慣そのものから逃げがちにもなってきます。

さらに悪いことに、そういった人は、「自分は意思が弱くてダメだ……そうだ！来週はこの習慣を二倍やろう！」「週2でやろうと思ってたけど週4でやろう！」「毎日やろう！」と、いきなり無茶な目標を立ててしまいがちです。

こうなってしまうと、そもそも無茶な目標なので必ず失敗して自己嫌悪に走り、身につく習慣も身につかなくなります。

ですから、このように考えがちな人は、なぜこうなってしまうのかを知り、それを避けるテクニックを使ってみてください。

幸いなことに、これに関する論文もたくさん出ています。[38・39・40]

失敗を自分と同化させない！

第3章でも触れましたが、習慣化が苦手な人の特徴は、自己効力感が低いことです。自己効力感とは、「自分の努力や行動によって未来を変えられるという感覚」、簡単に言うと「やればできる」と言う感覚ですから、自己効力感が低いということは、「やればできる」と思えず、スタート地点にすら立てないのです。始めてみたとしても、1度や2度の失敗で「やっぱりダメだ……」「やめておこう」とくじけてしまいます。

しかし自己効力感が高ければ違ってきます。1日さぼったとしても、「人間なんだからこういうときもある。明日からがんばろう！　やればできる!!」と切り替えられます。つまり、**弱い自分を認めて受け入れることによって、「じゃあどうしようか」と対策を打てる**のです。

この、「弱い自分を受け入れる」ということが第2章でも触れた「セルフ・コンパッション」です。

ちなみに、自分が自己効力感が高いかどうかを測るには、習慣ができなかったときに気分が落ち込みやすいかどうかで判断してください。「ああ、またさぼっちゃった……」と落ち込み、「まあいいや。明日からまたがんばろう！」となかなか切り替えられない人は、自己効力感が高くないので、このあとで紹介するテクニックをぜひとりいれてほしいと思います。

この章で紹介するのは、**自分の意志の弱さを受け入れることによって逆に習慣化を堅牢なものにし、習慣化に二度と挫折しないようにするためのセルフ・コンパッションのテクニック**です。

ノースカロライナ大学の研究チームがセルフ・コンパッションに関するさまざまな研究を調べて、そこから導かれる7つのテクニックをまとめました。[41]

これらを使って自分に向き合うようにしていけば、たとえ失敗したりさぼってしまったりしても自己嫌悪にならず、軌道修正して元に戻りやすくなる、おすすめのテクニックの数々です。

POINT 1

失敗を自分と同化させない

1つめとして、まず大切なのは、**自分と失敗を切り分けること、**です。

セルフ・コンパッション能力が低く、**自分を責めやすい人は、自分と失敗を同一視してしまっている**のです。

たとえば、禁煙をしていながらついタバコを吸ってしまったときには「ああ、自分は失敗してしまった。なんて意志が弱いヤツなんだ」と、失敗を自分と同化させてしまいます。

こうなると、自己嫌悪は避けられなくなるので、次のように考えてください。

「悪習をやめるのは大変な作業だ。ときには失敗してしまうこともある」

「これは自分がダメなのではなく、昔の習慣がつい出てしまっただけだ」

つまり、運動習慣をつけようとしてさぼってしまったとしたら、「昔は長く運動をしてなかったからその頃の怠ける習慣が出てしまった」と考える。こうやって、失敗と自分を切り離すわけです。

ただし、それだけでは自分にあまくなりすぎてしまいます。

そこで、ダメな自分を受け入れるだけではなく、**「昔の習慣が出ないようにするにはどうすればいいのか？」**を考えます。

「昨日は出なかったのに、なぜ今日は出てしまったんだろう？　何かトリガーがあったのか」と自分なりに分析していけばいいのです。

人は、自分の内側にあるものを冷静に見ることは難しいので、自分と切り離すことによって客観的に見られるようにするのです。

そうすれば、むやみに落ち込むことなく、対策を練れます。

POINT 2

「これでも食って元気だせよ」というセルフケア

２つめは、自分でこの習慣をつけようと決めていながらさぼるなどしてしまい、落ち込んでしまったときにどうするか、というテクニックです。

「ああ、自分はなんでこんなにダメなんだ」、「なんてことをやらかしてしまったんだ」と自責の念に駆られたとき、何が大切なのかといえば小さなセルフケアです。

どういうことかといえば、自分を責めるのではなく、自分にやさしくするのです。

お酒が好きな人なら、飲みすぎないようにグラス一杯のお酒を飲むとか。

お菓子が好きな人だったら小さなケーキやチョコレート一個を食べるとか。

勉強をさぼってしまったというなら、逆に30分だけ好きな動画を見たりゲームをしたりするとか。

「これでも食って元気出せよ」

そんなふうに声をかけてくれる相棒にでもなったように、**もう一人の自分になって自分を慰める。**

これをやっておくと、「今日は失敗してしまったけど、明日からがんばろう！」と、誰かにあたたかくはげまされたような気持ちになれます。

友達や恋人を慰めるようにセルフケアする。

ふつう、失敗したら罰を与えるというのが典型的なパターンなので、真逆の発想のテクニックといえます。

POINT 3

「やったこと」を記録して、進展を確認する

3つめのポイントは、「ゴールはまだまだ先だな」といった**ネガティブな気持ちを和らげるテクニック**です。

モチベーションを保つのに必要なのは「前に進んでいる感覚」です。人間は、嘘でもいいから前に進んでいる感覚があると、モチベーションを復活させられるのです。

習慣化に挫折する人は一度でも習慣が途切れただけで、これまでの積み重ねがリセットされて「完全なるアウト」として捉えてしまう傾向があります。しかしこれは非常にもったいない考え方です。なぜなら、**積み上げれば積み上げるほどやりやすくなるのが習慣**だからです。積み上げたものがいきなりゼロになるわけではありませんし、1日や2日くらい途切れたところでどうということはありません。そこからまた先を積んでいけばいいだけです。

そのためには、「いままでこんなにたくさんやってきたな」と、**いままで歩いてき**

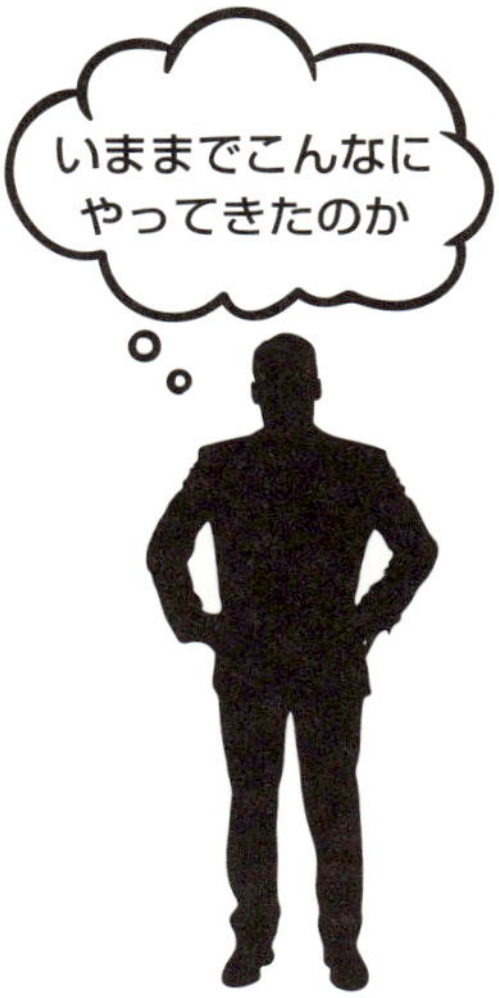

10月						
日	月	火	水	木	金	土
		1	2	3	4	5
		10回	10回	10回	10回	10回
6	7	8	9	10	11	12
15回	15回	13回	14回	14回	13回	15回
13	14	15	16	17	18	19
20回	17回					
20	21	22	23	24	25	26
27	28	29	30	31		

た道のりを改めて確認し、「自分はよくやっている」と肯定的に捉えてあげましょう。

たとえゴールはまだ先だったとしても、これまでしてきたことを認めて着実に進んでいることを実感することが大事です。

私自身もこれを取り入れています。

以前に私は「筋トレを何日連続して続けられたか」を記録していました。いまはそれをやめて、**「何回できたか」を記録**しています。こうすると、途切れてしまった時でもやる気が落ちないのです。

「継続日数」で記録すると、たとえば１

00日連続してできていたことが、仕事の都合などで途絶えてしまったときにカウントがゼロに戻されたような気がしてがっくりしてしまいますが、「やった回数」なら、「いままでこんなにやってきたな」と、ポジティブに考えられるからです。

連続性にこだわらず、**「それまで歩いてきた道のり」を重視**するようにすればいいのです。こうすることで、ネガティブな感情をケアできるというわけです。

「やったことを記録」する方法は、ほかにもメリットがあります。

最初は1セット8回の1セットから始めていたのに現在は1セット9回の3セットをするようになっているので、「こんなに進歩したな」ということを確認できます。

やった回数だけでなく、「行った時間」も記録しています。そうすると、「筋トレを始めた頃は夜しかやっていなかったのに、朝起きてすぐやるようになったな!」と、この点でも〝進展〟を確認できます。

こうした記録をしておけば、たとえ1日筋トレを休んでも「昔より早い時間にやってるし、1回あたりのトレーニング量も増えている。確実に前に進めているんだから、明日からまたがんばろう!」と考えられます。つまり、**記録が、つまずいてしまったときにすぐに心機一転できるための要素**になるのです。

そういった意味で、1日の終わりに、「今日、何ができたか」をまとめて書いておくのがオススメです。

私の場合でいえば、YouTubeの投稿などいくつか自分に課しているノルマがあるのですが、それが達成できない日もあります。そんなときも、これまでの経験を確認すれば、落ち込むのをふせげます。

最近も、海外旅行から帰国したあと、YouTubeの投稿が2本しかできない日がありました。数だけ考えると、「1日2本は少ないな。怠けてしまった」とネガティブな気持ちになるところですが、海外旅行中は休みをつくらず1日に3本投稿することができていたので、悲嘆的な捉え方はせず、「今日はたまたまいろいろな事情でできなかったけど海外にいたときはできていたんだから、明日からまたちゃんとできるようになるんだろうな」と考え、安らかな気持ちで眠りにつけたのです。

つまり、**「今日はこういう日だったけど明日からはこういう風にしよう。なぜなら過去こんなに進歩してきたんだから明日はできるはずだ」**と、根拠を持って考えられるようにしておけばいいということです。やったことを記録することでそれが可能になるわけです。

こうやってあげると、自分を責めませんし、むしろ習慣が途切れたことによって、自分の積み重ねや進歩を再確認することになり、モチベーションを上げていくことができるのです。

POINT 4

母ならこう言ってくれるはず。猫ならこう言ってくれるはず

4つめは、想像上のキャラクターをつくるテクニックです。

実在の人物でもアニメのキャラクターでも、動物でもかまいません。習慣が途切れそうになったときや何かに失敗したとき、自分に言葉をかけてくれそうな〝やさしい人物、やさしいキャラクター〟を想定してください。

私の場合は母親を想定することがよくあります。母親は、子供ががんばっているときは、うまくいかなくても優しく気を使ってくれたり、心配してくれる人でした。テレビ出演が増えて学校の実験との両立が難しくなり、睡眠時間があまりとれなくなっていた時期にも、「そんなにがんばっていると両方うまくいかなくなっちゃうから、

たまには休んだほうがいいわよ」というふうに声をかけてくれていました。

その母親だったら、**こういうときにはどんな声をかけてくれるだろうか、**と想像するわけです。

やさしい印象が強い人のほうが想像しやすいので、おばあちゃんや憧れの先輩、恋人や親友などでもいいかもしれません。

私の場合、母猫を思い浮かべることもあります。

うちには2匹の猫がいますが、彼らは食べたいときに食べて、眠りたいときに寝て、じゃれ合っているうちにケンカのような唸り声をあげだすこともありますが、しばらくすればケロっとしてくっついて寝ています。そんなふうにピュアで自由に生きている猫が、もし私に声をかけてくれるなら、「たまには休んでもいいんじゃない？いっしょに昼寝でもしない？」なんて言ってくれるんじゃないか。そんなふうに感じるので、猫たちを登場させることもあるのです。

大事なのは、**「どんな優しい言葉をかけてくれるかな」と考える**こと。つまり、自分を責めるのではなくて、**自分に優しい言葉をかけてくれたり支えてくれたりする人がいるんだという感覚を取り戻すためにやるテクニック**がこれなのです。

実際に優しい言葉をかけてもらうのもアリですが、自分の頭のなかでやる方が早いので、ぜひ想像のなかでやってみてください。

POINT 5

失敗をプラスに変えるポジティブ思考

5つめは、失敗してしまったときに、**「どこが難しかったか」「何が足りなかったか」を振り返り、「どうすればそれをチャンスにできるか」を考えること、**です。

失敗したからといって落ち込まず、「人には失敗もある。これを乗り越えれば明日はきっとできる！」と考えることは大切です。ただし、それだけではただのポジティブ思考になってしまいます。

ポジティブ思考は欠かせない要素ですが、ただのポジティブ思考ではなく、意味のあるポジティブ思考にする必要があります。

「ここがうまくいかなかったから次からはこうしよう」と考えて初めて、地に足のついたポジティブ思考になります。

そのためには、「うまくいかなかった点をどうすればチャンスに変えられるか？」と考えてみることです。

そうやって、失敗するごとに対策をしてから習慣を続けるようにすれば、今後失敗する要因、確率を減らしていくことができるわけです。

私の場合、何か失敗したときには、そのたびに**うまくいかなかった原因を5つ書き出す**ようにしています。

YouTubeに動画を3本、投稿できなかったとすれば、その原因を5つ考えます。

たとえば海外にいたときは朝のうちに動画を撮るようにしていたのに、このときは講演の仕事が入り、朝から新幹線で移動していたので取れなかった、といった、状況的な理由を主に書き出します。

要因を整理していけば、朝に動画を撮ることを前提にしたスケジュールを組んだり、どうしても朝に予定が入ったときはその分、前日に撮っておくなどと対策も立てられます。

失敗を生かすポジティブ思考ができていれば、修正ができるのです。

POINT 6

失敗の経験を双方向から生かす

6つめは、**失敗をしてしまったとき、それを生かせるリソースはないか、と考えること、**です。

5つめのポイントとも近いようですが、少し違います。

まず失敗を、完全な失敗としてではなく、一時的な失敗と捉えることが大切です。

そして、「今日だけ失敗してしまったけれど、**その失敗を乗り越えるための経験を過去に自分がしていないか？　まわりの人間がしていないか？」と探すと同時に「この失敗をどこかに生かせられないか？」とも考えます。**

こうした考え方をしていくと、失敗をネガティブに捉えることがなくなり、**大事な経験に転化**できます。つまり、**「失敗を生かそうとすることで失敗を受け入れる」**わけで、まさにセルフ・コンパッションです。

いま私はジェットブレードというレジャースポーツにハマっています。専用のシューズに取りつけているホースにジェット水流を送り込むことによって水上で空中に浮かびあがり、立っている姿勢で空を飛んでいるような状態になれるものです。このジェットブレードでバックフリップ（後ろ回転）をしたいと思い、南の島に行って練習するようになったのです。

最初に2週間練習したとき、一度だけ、なんとか回ることができました。そのときは1日1時間練習していましたが、完全にバックフリップができるようになりたいと考え、今度は1日2時間練習しました。すると実際、グルングルンと回れるようになったのです。

ですが、高さを上げてそれをしているときに一度落下して、首とアキレス腱を強く打ってしまいました。そうすると、それで恐怖心が植えつけられて、バックフリップができなくなったのです。

そこで私は、どうすれば恐怖心をなくして、またできるようになるか、と考えました。そこで思い出したのが、ジェットブレードを始めたばかりの頃、ドルフィンジャンプに取り組もうとしたら、それほど難しくないのにそれでも怖くて仕方がなかったことです。

このとき、どうやって恐怖心を取り除いたかを振り返り、同じようにして「水に落ちても痛くはない」ということを体に教え込んでいきました。それによりまたバックフリップができるようになったのです。

過去の失敗の経験は、私たちの頭のなかに強く残っています。一時的な失敗を乗り越えるため、それを失敗克服のためのリソースとして生かしたわけです。

このようにただ意志の力でなんとかしようとするのではなく、「同じような問題が過去にあったはず」「僕に限らずこの問題を乗り越えた人がいたはず」と考えて、それを探します。

逆の考え方もできます。

朝、YouTubeの投稿をできなくなってしまったとき、私は、かつて朝に投稿できていたときのタイムスケジュールを見直しました。すると、「ああ、このときはこの時間に撮っていたな」ということがわかり、そのときのタイムスケジュールに戻しました。

それが成功したとき、**同じような方法論が他にも応用できないか**、と考えました。

筋トレのためにジムへ行く回数が減っていたので、やはりかつてのタイムスケジュールに戻したり、かつて楽しくできていた方法で筋トレすることで、ジムへ行く回数を増やせたのです。

このように**双方向で経験を生かし合う**のは理にかなったやり方です。

POINT 7
失敗は、成功のためにある

７つめは、**成功と失敗は常に１つのパッケージとして考えること、**です。

成功と失敗は表裏一体のものです。

失敗を乗り越えて成功する人はたくさんいても、失敗もしないで成功だけする人はいません。

成功するためにはそれ以上の失敗が必要です。

失敗は成功へ向かっていくためにはなくてはならない経験なので、失敗に落ち込む理由は最初からないのです。

なかなかこうした考え方ができない人は、大成功をおさめた人や憧れのヒーローの伝記などを読むのもオススメです。失敗経験が書かれていない伝記はありません。世界レベルで成功した人でも、どこかで大きな失敗をしていることが確認できます。

失敗すればそれだけ大きな成功を期待できる、ということです。

マラソンでも、つらいのを乗り越えて走り切れば、大きな達成感を得られます。42・195キロを目指して走っていながら、足を痛めたりしたわけでもなく40キロ地点で走るのをやめたとすれば、それほどもったいないことはありません。

何度か失敗したことであきらめてしまうのはそれに似ています。失敗した分だけゴールに近づいているのに、そこで走りやめているわけです。だとすれば最初から走り出さないほうがよかったといえるくらいです。

走り出したからには、失敗するたび前進していると考えればいいのです。

長期的な習慣を身につけたい人はここで紹介したセルフ・コンパッションの7つのテクニックはぜひ実践してください。

自己嫌悪に陥ることがなくなれば、達成率はずいぶん上がります。

こうした考え方ができるようになれば、呼吸をするように新しい習慣を身につけていけるようになるのです。

第４章のまとめ

失敗を成功につなげる「７つのセルフ・コンパッション」

❶ 自分と失敗を切り分ける
❷ 失敗したときはセルフケアで自分を慰める
❸ 前に進んでいる感覚を持つようにする
❹ やさしい人からかけられる「やさしい言葉」を想像する
❺ 失敗したときは、それをチャンスに変える方法を考える
❻ 失敗を生かせるリソースはないかを考える
❼ 成功と失敗は１つのパッケージとして考える

第5章

何年も直らない
悪い習慣を駆逐する
【8つのリバウンド対策法】

喫煙、食べ過ぎ、飲み過ぎなど、悪い習慣がなかなか直せないという人は多いと思います。

実は、新しい習慣をつくるよりも、悪い習慣をなくすほうがはるかに難しいということが各種の研究でわかっています。

だからといって、あきらめる必要はありません。

悪い習慣を直せない場合は決まった特徴、パターンが見られます。

そのポイントさえ押さえていけば、それまでどうしようもなかった悪癖からも脱出できるのです。

悪い習慣の〝トリガー〟を見つけるところから始めよう

悪い習慣を直せない人に見られる特徴のひとつは「直したい習慣そのものに注目していても、その習慣を引き起こすトリガーは気にしていない」ことです。

トリガー（trigger）とは引きがね、きっかけです。

たとえば、ついスマホでネットサーフィンをしすぎて睡眠時間がなくなってしまうので、やめたいと考えている人がいたとします。こういう人は「よし、スマホを触らないようにしよう！」と意気込みますが、それだけでやめられるものではありません。ベッドにスマホを持っていったら最後、欲求には勝てなくなるのが普通だからです。目の前に大好物を出されたらどうしても食べてしまうのと同じです。

ではどうすればいいかというと、自分がスマホでネットサーフィンをするとき**「その直前に何をやっているか？」をまず考えます。**

そうしたら、お風呂からあがったあとにベッドでのんびりしようとして、ベッドの横にある充電器にスマホを差したあと、そのまま触りはじめる場合が多い、とわかったとします。

だとすれば、**充電器にスマホを差すまでの行為がトリガー**だといえるので、それを遠ざけるのが解決策です。

スマホの充電器をベッドからは手が届かないところに置いておき、お風呂からあがったあとには、そこにスマホを差してベッドに行くようにします。そうすれば、ベッドで寝転びながらスマホを触ろうとしても触れません。

このケースでは、はっきりと物理的にスマホを手に取られない状況をつくっていますが、やり方はケースバイケースです。

食後のコーヒーを飲んでいるうちにスマホを触りだす場合が多いとわかれば、スマホではなく食後のコーヒーをやめる、というような考え方もできます。

悪い習慣そのものではなく、直前の行動を見直してみる。

これが、悪い習慣をやめるテクニックのひとつです。

たくさんトリガーがある場合は、ひとつずつなくす

では、トリガーがたくさんある場合はどうしたらいいでしょうか？

たとえば、大食いをやめたいと望んでいる人が、どんなときが大食いのトリガーになっているかを考えてみましょう。ざっと考えてみても、ずいぶん多くのパターンがあるということがわかります。

残業が長引いたとき。ラーメン屋の前を通ったとき。家でテレビを見ているとき……など、いたるところにきっかけが見つかる場合があります。

スマホ中毒にしてもそうですが、風呂上りにベッドに横になったときに限らず、スマホを触りだすトリガーは日常生活のなかにいくつも潜んでいる場合があります。

こうした場合、いっきにすべてのトリガーをなくして直そうと考える人がいますが、実をいうと、そのやり方はアウトです！

このようなときには**1つずつ直していかないと逆効果になりやすい**ことがわかっています。

実験を見てみましょう。

ある研究機関では、お菓子の食べすぎに悩んでいる63人の女性を対象に、それを直す取り組みを調査しました。その際、63人を３つのグループに分けました。

１つめのグループは、特定のトリガーだけに注目して、悪癖をふせぐためのキュー（手がかり）を考えました。暇なときについお菓子を食べてしまうのだとすれば、「暇なときにはフルーツを食べる」ことを決めておくようなやり方です。

２つめのグループには複数のキューをつくりました。暇なときはフルーツを食べる、テレビを見るときはどうする、ストレスに押しつぶされそうなときにはどうする……というようにルールをつくったのです。

３つめのグループはとくに対策らしい対策は取らないようにしました。

その結果どうなったかといえば、わずか３日間の実験でしたが、１つめのグループはお菓子を食べる頻度がしっかりと減りました。

しかし、複数のキューをつくったグループの頻度は調査以前とほとんど変わらず、何の対策も取らなかった３つめのグループと大差はなかったのです。[42]

新しい習慣を身につけようとしたときでも同じです。

人間にできるのは基本的に「一度に1つだけ」だということです。

いくつか習慣づけしたいことがあっても、1つを習慣化してから、次の習慣化にチャレンジする。

直したいことがあるなら1つずつ直していく。

それが正しいやり方です。問題点は1つずつ見ていくようにすべきだということです。

スマホでよけいなことをする時間が減った効果てきめんな方法

トリガーを1つずつ減らしていくやり方では時間がかかりすぎるという人もいるでしょう。そういう人にとっては私のやり方が参考になるかもしれません。

私自身、スマホで時間を使いすぎるのをどうにかしたいと考えた時期がありました。スマホは特定のシチュエーションに限らず、やはりいろいろな場面で使ってしまいます。常に携帯していたい以上、対策が取りにくいのはたしかです。

スマホで何をやるかといえば、ネットサーフィンだったり、YouTubeで古い動画を見ることだったり、いろいろです。

それでどうしたかといえば、「スマホを触る時間を減らそう」と考えるのではなく、「スマホでよけいなことをする時間を減らそう」と考えたのです。

そこで第1章のIf thenプランニングのところでも紹介した、「スマホを触りたくなったらまずキンドルで本を読む」というルールを取り入れました。

まず、よく使うアプリは、簡単には開けられないフォルダーの奥底に入れておき、そのアプリがあった場所にはキンドルを置きます。そして、「スマホで何かをしたいなら、その前にキンドルを開いて、論文などを最低1ページ読むこと」を自分に義務づけたのです。

キンドルで1ページ、2ページと論文などを読んでいれば、ネットサーフィンをする気はなくなります。

このルールを決めてからは、スマホを使う頻度や時間の長さは変わらなくても、よけいなことに使う時間は確実に減りました。

やり方次第では、1つのキューをつくるだけで、悪い癖を直すと同時にいい習慣をつくれる場合もあるわけです。

そういう一石二鳥なキューを設定できないか、あなたにも探してみてほしいと思います。

「逆説的介入」で、あえて悪い癖をやってみる

長いあいだ直せずにいる悪癖はなかなか厄介なものです。

なんとかやめられたと思っていても、気がついたらまたやっていたという「悪癖リバウンド」もよく起こります。禁煙などもとくにそうなりやすい代表的な悪癖で、一定期間禁煙をがんばったのにしばらくしてまた吸ってしまったとき、「ああ、自分はやっぱりやめられないんだ……」と思ってもう禁煙をあきらめてしまう人も多いのですが、それは本当にもったいないことです。

ここでは、そんなリバウンドをさせないための４つのシンプルな方法を紹介します。

１つめは「逆説的介入」というテクニックです。

これは古くから行われているやり方で、80年代から90年代にかけてはとくによく話題になっていました。87年には、禁煙や過食を直す専門的なセラピーを受けるのと同

じくらいの効果があるというメタ分析も出されています。[43] 95年にはポジティブ心理学の分野でよく知られるアメリカの心理学者マーティン・セリグマンが統計的に非常に高い成功率が出ていると認めた手法です。[44]

簡単にいえば、直したい悪い癖があるなら、あえてそれをやることを義務づける、というテクニックです。

たとえば禁煙なら、「この時間はあえてタバコを吸う！」ということを自分に課すわけです。

●「だらだらタイム」を自分に強制！

どういうことなのか、詳しく解説します。

たとえば、いつもだらだらとネットを見ていて、やるべきことを先延ばしにしてしまうことに悩んでいるとします。その場合、毎日夜8時から9時までは「だらだらタイム」と決めてしまい、その1時間は電話がかかってきても出ないようにして、とにかくだらだらとネットを見ていることを自分に強制します。8時に開始のアラーム、9時に終了のアラームを鳴らすくらい徹底するのがポイントです。

キレやすい性格を直したいというのであれば、決まった1時間、とにかく激怒しまず。誰かの前で「これからとにかく激怒しまくりますんで！」と宣言してから始めるよりは、ひとりで部屋にいるときにやるのがいいでしょう。

「なんだ、このタオルの柄は⁉　オレをバカにしてんのか！」

「根掘り葉掘りって言葉はいったいなんなんだよ！　根を掘るのはわかるけど、葉なんてどうやって掘るんだ⁉　チクショー」

と、いちいちキレ続けます。バカバカしくてもやってください。

緊張したときなどに手が震えやすいのなら、毎日5分、意識的に手を振る。

人前で話すときにつっかえやすいなら毎日5分朗読して、わざといちいちつっかえてみる。

爪を噛むのをやめたいときは、1時間、爪を噛むフリを続ける。

ポイントは、いつもやってしまう悪い癖を、〝意図的に〟やるということです。

これを続けていると、それが「習慣的な行動」ではなく、「意識的な行動」なのだと脳が認識します。

知らないうちにやっていることは脳でコントロールできなくても、意識的にやってることに関しては**「自己コントロール感」**が持てるので、やめるというコントロールもできるようになる、というわけです。

しかも、ふだん好んでやっている「だらだらとネットを見る」という行為を、逆説的介入で意識的に行うと、その行為が義務に感じられてきて、続けるのが嫌になっていきます。それでかえってだらだらとしなくなるのです。

ですから、だらだらしている子供に対して親が「勉強しなさい！」というと、逆説的介入になってしまって勉強が嫌になる、というよくあるパターンが起こるわけです。

●「絶対に寝ない！」と決めると寝つきがよくなる

このテクニックは健康問題にも使えます。

たとえばお菓子をつい食べすぎる人は、食べない時間をつくるのではなく、毎日、**夜7時になったら必ず5分間、お菓子を食べることを義務づける**ようにします。

ただし、そこでお菓子を食べすぎれば、それ自体が問題になるので、5分間かけてポテトチップス1枚をちびちび食べる、などとルールを決めます。それ自体、罰ゲームに近いといえますが、それを続けているうちにお菓子の食べすぎは直ります。

なかなか眠れないと、不眠症に悩んでいる人は、逆に「絶対に寝ないぞ！」と決めて布団に入ってみてください。それにより「なんとか寝たい！」と思っている人よりも早く寝つけて、睡眠の質も高くなることがわかっています。

このように逆説的介入はいろいろなシーンで使うことができるので、ぜひやってみてください。

悪癖の番人になる「ビジラント・モニタリング」

性的な欲求も含めさまざまな誘惑に勝つのは、聖人君子でもない限りなかなか難しいものです。私のもとには、いわゆる〝オナ禁〟に関する相談なども寄せられます。

これをどう乗り越えればいいか？

欲求や誘惑に負けてしまい、やめられずにいる悪癖を克服するテクニックを３つ紹介します。欲求や誘惑のタイプによって使い分けていくこともポイントになります。

この３つのテクニックは、デューク大学で99人の学生を集めて実際に研究したものです。[45]

１つめが**「ビジラント・モニタリング」**というテクニックです。

ビジラント（Vigilant）とは「油断なく番をする」という意味なので、ほぼ言葉どおりのやり方です。

ここまでにも、何か悪い癖に手を出してしまったり、身につけたい習慣をさぼったりしてしまうときには、そのトリガーやキュー、すなわち、きっかけや手がかりが見つけられるはずだという解説をしてきました。そこに対する意識を極限まで高めていくのがこのテクニックです。

日頃から睡眠不足になりがちな人がなんとかしたいと思っていたとしましょう。ベッドに入ったあと、ついスマホを手に取り、ネットなどを見はじめているとしたら、あきらかにそれが原因の1つです。そうであるなら、スマホに手を伸ばそうとしているときに「あっ、ダメだ！」と気づけるかどうかが問われます。

気づいたときにはいったん手を止めて「なぜ自分はいま、スマホを触ろうとしているのか？　いま調べたいことがあるのか、いまでなければいけないことなのか。それを始めればまた睡眠時間を削ってしまい、明日も会社でつらい思いをすることになる。**それでも本当にいいのか？**」と自分に問いかけます。

それがビジラント・モニタリングです。**悪い癖にハマりそうな瞬間を認識して、本当にその行動をとるべきなのかとメリット、デメリットを問いかけ続けるわけです。**

このテクニックはかなり効果的です。悪い癖を直したいときにはまずビジラント・モニタリングから始めるのがいいともいわれています。

誘惑から意識を逸らせる「ディストラクション」

2つめのテクニックが**ディストラクション**。

ディストラクション（Distraction）は「気が散ること、気を散らすこと」という意味で、意識的に気を散らすやり方です。

「これをやってはいけない！」と思っていると、意識がそこに集中し、かえってやってしまうという面が人間にはあります。

たとえばダイエットしたいと考えている人が「チョコレートを食べてはいけない」と言われると、チョコレートに対する欲求は1・5倍から2倍くらいに高まることがわかっています。

実は、**人間が誘惑に抗えるのは50％程度**だともいわれています。

チョコレートを食べてはいけないと考えていて、手を伸ばしかけたとき、2回に一度なら我慢できるということです。しかし2回に1回は誘惑に勝てずに手を出してしまいますし、そのときには、ふだんの2倍近く欲求が高まっているので、2つですむところをつ食べてしまったりするわけです。それなら、食べないでおこうと意識している意味がなくなります。

ですから、こうした癖を直そうとする際、**自分の欲求に注意を向けるのは危険**といえます。

さきほど紹介した、欲求から起こす行動に注意を向けるビジラント・モニタリングも、かえってそこに意識を向けすぎてしまうことで逆効果になる場合があります。

だったらどうすればいいのか？

誘惑の対象をじっと見ていると誘惑に抗えなくなるので、そこから目を逸らして、別のことを考えるようにします。

これがディストラクションです。

わかりやすく解説するため、ヒネリのない例を挙げます。

混浴の温泉にいたとき、ビックリするような美女が入ってきたとしましょう。

そうなると男性は、男ならではの現象を起こしてしまいがちです。

それをふせぐためにはどうすればいいでしょうか？

エロいことを考えちゃいけない、エロいことを考えちゃいけない……と自分に言い聞かせようとする人も多いのですが、それはむしろ逆効果になり、ますます現象を止められなくなる場合も多いので、違うものを見たり、違うことを考えるようにするのです。

隣でぶよぶよのお腹のおっちゃんが体を洗っていたなら、そちらをじっと見るのもいいでしょう。親の顔を思い出すといい、ともいわれます。

とにかくその美女は視界に入れないようにすること。忘れようとするより別のことを考え、それに集中するほうがいいわけです。

このテクニックも効果が高いのが実証されています。

たとえばダイエットにゲームのテトリスを利用して成功した研究があります。何かを食べたい気になったとき、スマホを取り出してテトリスを始めるのです。

人間の脳は欲求が長く持続するようにできていないので、2、3分、ゲームに集中しているうちに食べたいという欲求がおさまってくることがわかりました。

こんなふうに、ある欲求が起こったら、別のもっと楽しいことに振り返ると効果的にディストラクション（**注意をそらす**）が行えるでしょう。

肉体的な欲求を抑える「刺激コントロール」

4つめのテクニックは**刺激コントロール**です。

悪い癖を直したいときにはビジラント・モニタリングから始めるのがいいわけですが、これらのテクニックは癖のタイプによって使い分けるべきだということはすでに解説したとおりです。

ビジラント・モニタリングは、無意識のうちにやってしまっているような癖を直すときにはいちばん強力です。

ただし、その癖が、「お腹が空くと間食してしまう」などというように肉体的な欲求にもとづいているものなら、ビジラント・モニタリングより刺激コントロールのほうが有効です。知りたがっている人もいるはずなので一応書いておくと、オナ禁のように性欲に関わることも、ビジラント・モニタリングより刺激コントロールのほうが向いています。

肉体的な欲求には、ビジラント・モニタリングはNG

なぜ肉体的な欲求にビジラント・モニタリングが向かないのかといえば、この手の欲求に注意を向けすぎると、かえって欲求がふくらみやすいからです。そのため、肉体的な欲求に対しては刺激コントロールを選んだほうがいいわけです。

刺激コントロールの考え方はシンプルです。

悪い癖を引き起こす原因そのものを最初から遠ざけてしまうのです。

お酒を飲む量を減らしたのなら、家にお酒を置かない、お酒がある場所に近づかない。ハンバーガーやポテトを食べるのをやめたいならファーストフードショップに近づかない。そういったやり方です。

肉体的な欲求とは少し違いますが、ネットで買い物をしすぎるのをやめたいなら、そのサイトのお気に入り登録を削除する、ドメインをブロックする、などというふうに、物理的に遠ざけるのもいいと思います。

悪癖を直したいときに大切なのは、テクニックの使い分けです。

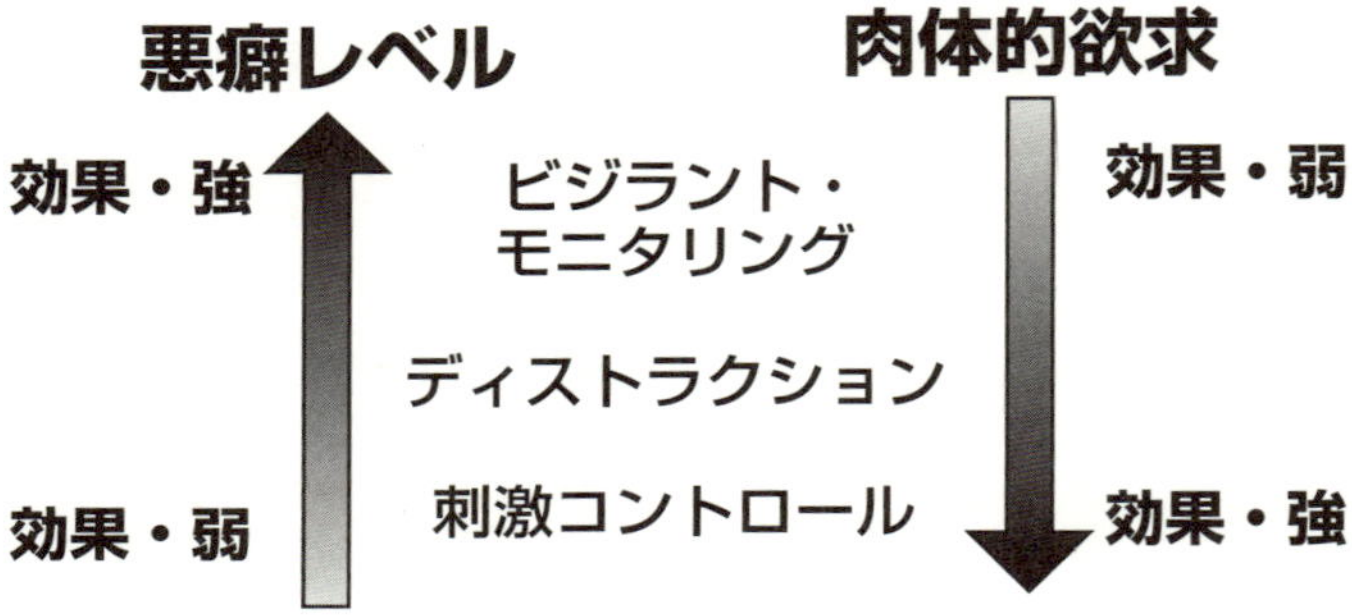

研究によれば、喫煙習慣など、悪癖のレベルが強いものについてもっとも効果的なのがビジラント・モニタリングで、2番目に有効なのがディストラクション。このなかでは比較的効果が薄いのが刺激コントロールだという結果が出ています。

ところが、食欲、睡眠欲、性欲などに関しては、刺激コントロールの効果がもっとも高くなります。2番目に有効なのがやはりディストラクションで、ビジラント・モニタリングは3番目になるのがわかりました。

つまり、**ディストラクションはどんなケースでも平均的に使いやすく、ビジラント・モニタリングと刺激コントロールはうまく使い分ける必要があるということです。**

ただし、これは悪癖のレベルが強いものを直そうとした場合のことで、軽度な悪癖であれば３つのテクニックのどれを使ってもそれほど効果は変わりません。どのテクニックを選んでも一定以上の効果が期待できるので、自分に合うと思えるものを試してみるのがいいでしょう。

どれが合いそうかがわからなければ、ディストラクションから始めて様子をみるのが無難です。

悪癖へ至る道を混乱させる「ディスラプティング」

南カリフォルニア大学で習慣の研究をしているウェンディ・ウッド教授は、2013年に、各種研究を精査した結果として「悪い習慣をなくすためにいちばん重要なのはディスラプティングというテクニックだ」と結論づけました。[46]

ディスラプティング（disrupting）とは「混乱させる」という意味です。どういうものかといえば、刺激コントロールなどにも似ています。

これはやってはいけない！と思っていても、やりたくなるのが人間の心理です。「押すなよ、絶対押すなよ！」と言われたら押さないわけにはいかないのと同じです。

人間は欲求を目の前にすると抗えないのです。正確に言うと、2分の1の確率でしか抗えません。ですから、お菓子を食べるのをやめようと思っていても目の前にお菓子があれば、テレビを観ながらながら食べてしまったり、ゲームをやりすぎだからやめようと思ってもスマホがあればやってしまうわけです。

そんなときにどうすればいいかといえば、**そういう欲求があること自体は認め、じゃあ、その欲求を起こす前にあるトリガーはなんだろう？　と探して、そこを混乱させる。**それがディスラプティングです。

トリガーについてはこの章の最初に触れましたが、飲んだ帰りについついラーメンを食べてしまうのであれば、「この上司に誘われたときについ食べてしまうな」とか「ラーメン屋の前を通るとつい香りにやられて店に入ってしまうな」といったトリガーを見つけ、それが起こらないようにするわけです。

そしてディスラプティングは、ただトリガーが引き起こされないようにするだけでなく、一歩踏み込んで積極的にトリガーを混乱させる方法です。

たくさんご飯を食べてしまうのをやめたいなら、皿やフォークを小さいものにする。右利きのひとなら左手で箸を使うようにする、といった方法などがそうです。

悪い癖そのものを抑えようとするのではなく、悪い癖の前にある行動を変える。あるいは、**悪い癖をやりにくくさせる。**

家に変えるとスマホをついつい見てしまうなら、玄関にコンセントと充電器を置いて、部屋のなかにスマホを持ち込まない。手元になければスマホを触りようがありません。

こんなふうに、悪い癖自体をやめるのではなく、悪い癖の前にある行動を変えるだけで、悪い癖をあまりしなくなってくるというわけです。

いろいろ工夫できる方法ですから、あれこれ楽しみながらやってみてください。

"未来の自分"が"いまの自分"を規制する「セルフ・レギュレーション」

ここまで、悪い癖を短期的に直すテクニックを紹介してきました。
ここからは、長年続いている悪い癖を根本的に直したり、何度も何度もリバウンドを繰り返すのをふせぐ悪癖退治法を紹介していきます。

特定の状況になると、無意識のうちにやってしまっているのが悪癖です。そのため「もうやめられた」と思っていた悪癖であっても、気がつけばまた手を出していることがあります。

そうした**リバウンドが起こりやすいのは、ストレスが溜まっているとき**などです。タバコでも薬物でも過食でもそうですが、やめていたはずでもストレスが大きくなりすぎると、結局そこに逃げてしまいます。

仕事や恋愛などがうまくいってるときには自己コントロールもしやすいのでリバウ

ンドは起きにくいものです。しかし何かがおかしくなっていったとき、自己コントロールができなくなって、またやってしまうというのがお決まりのパターンです。

アメリカ国立補完総合衛生センターに設けられているＳＯＢＣ（Science Of Behavior Change）という機関ではそうした研究が進められていて、**「悪癖のリバウンドをふせぐ3つのテクニック」**が紹介されています。[47]

1つめは**「セルフ・レギュレーション」**というテクニックです。

人は通常、「目の前の欲求」について、それが未来にどう影響を与えるかを考えず、その価値を高く見積もってしまいがちなものです。

たとえば目の前のクッキーを食べるか、我慢するか？

わかりやすくするために極端なことをいえば、そのクッキーを我慢すれば、それまでジム通いしていたことが報われて、夏に水着になったときに割れた腹筋を披露できるとします。しかしそのクッキー1枚を食べれば、これまでの努力が水泡に帰して、それができなくなってしまいます。

そういう場合、その二択について冷静な判断ができていれば、クッキーを食べることを選ぶ人はまずいないはずです。しかし実際は、**目の前の欲求を満たすことのほうが、将来的な結果よりも価値を高く見積もってしまう**のです。つまりこの場合は、割れた腹筋を手に入れることよりも、目の前のおいしそうなクッキーを食べることのほうが自分にとって価値が高いと判断してしまうのです。

そうした傾向があることを理解しておいたうえで自分を制御して、**それぞれの価値を正しく判断するのがセルフ・レギュレーション（Self-Regulation）**です。

● 未来の自分の視点から、いまの自分を見てみる

タバコをやめれば、その分、お金を使わずに済み、健康が保たれ、人生の満足度が上がるという事実を理解しているはずなのにタバコをやめられないのはセルフ・レギュレーションができていないということです。

では、どうすればセルフ・レギュレーションができるのかといえば、ＳＯＢＣでは**「意味的未来思考」**を推奨しています。

これは、目の前のタバコを吸うことがどんな結果につながるかを考えてみるだけではなく、**「その結果に直面した未来の自分が、いまの自分をどう見るか」を逆算**する

方法です。

いまタバコを吸おうとしているときに、10年後の自分が肺ガンになっているのを想像します。その場合、肺ガンになっている自分は「このタバコを吸おうとしている自分をどう思うだろうか？」と想像するわけです。

病気ではなくお金から考えてもかまいません。タバコでお金を使い続けて、海外旅行などにも行けず、残業の毎日に疲れ切っている将来の自分が「このタバコを吸おうとしているいまの自分をどう思うだろうか？」とイメージをふくらませます。

このときには**限界までリアルに想像する**のがポイントです。

たとえば、10年後に健康診断でひっかかり、先生から「検査の結果、肺ガンとわかりました。転移もしています」と告げられるシーンを頭に思い浮かべます。とてつもない絶望感に打ちひしがれているはずです。そうであれば、いまタバコを吸おうとしている自分に対して「**おまえがその一本を吸わなければこんなことにならなかったんだ！**」と怒りをぶつけるかもしれません。

未来の自分になりきり、そういうところまで徹底的にリアルに想像します。

そうしていくと、**〝悪い癖をやめることによって手に入れられる未来の価値〟**が非

常に大きく感じられるようになります。

こうしたセルフ・レギュレーションをより効果的に行う方法もいろいろあります。

写真を加工して自分の老け顔をつくれるアプリなどもあります。そうしたものを利用して、ビジュアル化した未来の自分がいまの自分に訴えかけているような映像をつくってしまうのも方法のひとつです。

10年後に100万円もらう（将来価値）のと、いま99万円もらう（現在価値）のでは、ほとんどの人がいま99万円をもらうことを選ぶように、人は未来の価値を軽く見がちな傾向があるので、それをよく意識しておくようにしてほしい、ということです。

私などは、海外旅行をしていてもバーピーをさぼらないようにしています。さぼってだらしない体になったら、そういう体になってしまった自分は「さぼろうとしている自分をどう思うだろうか？」と考えます。

この場合、考え終わってからバーピーを始めるのではなく、とにかくバーピーは始めてしまい、**やりながら考える**ようにするのがポイントです。

タバコをやめる場合も、タバコを吸いながら考えるのでなく、そういう状況を想像しながらタバコをしまうか、捨ててしまうようにしてください。

ストレスを抑えるリラクゼーション・テクニックを導入

ストレスからどうやって回復するかは、現代人が精神的にも肉体的にも健康に生きていく上でとても重要ですが、悪癖のリバウンドがストレスから起きる場合が多いなら、「ストレス反応対策」はさらに大切になってきます。

そこで、ストレスが起こってもそこからスムーズに回復できる**「レジリエンス（Resilience）＝柔軟な回復力」**を高める必要があります。

ここではそのための方法を紹介します。

●手軽で効果的なストレス対策

ストレス対策法にはさまざまな方法がありますが、一例を挙げれば**「ボディスキャン」**と呼ばれるやり方があります。

ストレスがあると体に変化が起きるので、横になって、頭からつま先まで順番に意識を向けていきます。

頭皮に変化はないか？　頭に血はのぼっていないか？　アゴに力が入っていないか？　肩に力が入っていないか……。

そうして体の変化に注意を向けていくと、自分のストレスにちゃんと気づけるだけでなく、落ち着いていきます。これは古くから行われているやり方で、最近では**「マインドフルネス瞑想法」**のなかにも取り入れられています。

マインドフルネスとは「過去にとらわれず、いま現在の自分に意識を向けることでストレスをなくし、集中力を高めようとする思想でありメソッド」です。世界的な企業などでも、精神面をリフレッシュさせて集中力を高めるために、マインドフルネス瞑想法を取り入れているところが増えています。

このような**「リラクゼーション・テクニック」**はいろいろあります。

いちばん簡単なところでいえば、**深呼吸**もそうです。

息を吸うよりも吐くことを意識して、ゆっくりと深く呼吸することでは副交感神経が優位になり、リラックスできることがわかっています。

また、ボディスキャンをして肩に力が入っているのがわかったときには、凝りをほぐします。肩をあげながら5秒ほど力を入れたあと、力を抜いてストーンと落とすだけでも肩がほぐれてリラックスできます。

ストレス対策のリラクゼーション・テクニックはさまざまなところで紹介されているので、自分に合いそうなものを試してみるといいと思います。

ストレスを感じたときに悪い癖に手を出すという流れができてしまうと、それがオートメーション化してしまうので、断ち切る必要があります。

ストレスを感じときにはタバコを吸うのではなくボディスキャンを行なう。

そのように変えていくことで高い効果が期待できます。

自分と対話する「インターパーソナル・プロセス」

３つめに挙げるのは**「インターパーソナル・プロセス」**です。

より心理学的なテクニックです。

ストレスによってネガティブな感情が生まれると、悪い癖に手を出しがちになるだけでなく、友人や部下を怒鳴ってしまったり、家族に小言をいうなど、マイナスの感情が表面化しやすくなります。さらにそういうときには、「自分はあの人が嫌いだ」「あの人が悪いんじゃないのか」という悪い感情を持ちやすくもなります。誰かが自分のほうを見て笑ったような気がすれば、それだけで「あいつはオレのことバカにしやがった！」と考えたりすることもあります。思考の悪い癖です。

そうした癖でも直していけるのがこのインターパーソナル・プロセスです。

少しだけ手間がかかるので、やめたい悪癖が複数あるときは、本当にやめたい悪癖にだけインターパーソナル・プロセスを使うのがいいかもしれません。

ですが、ここまでに紹介した「セルフ・レギュレーション」や「リラクゼーション・テクニック」と合わせてこのインターパーソナル・プロセスを行った場合、もっとも長期的に悪癖のリバウンドを防止できるという研究結果があるので、ぜひやってほしいと思います。

7つの項目でストレスを分析

そもそも、自分のなかにネガティブな感情や思考が湧き上がったときは、悪い癖に逃げるのではなく、バイアスにとらわれずに現実を見つめ、自分にとって本当に大切なものを考えるようにすべきです。それを体系的にやっていくテクニックがインターパーソナル・プロセスだといえるでしょう。認知行動療法や認知再構成法といった心理療法のやり方とも共通点が多い方法です。

インターパーソナル（Interpersonal）とは、対人、人間関係というような意味なので、「自分との対話」というような意味合いになります。

具体的にいえば、**①状況、②感情、③思考、④根拠、⑤反論、⑥バランス思考、⑦気分、という７つの項目**を書きだしていくことにより、自分の思考の悪い癖や認知の歪みのようなものを直していきます。

こう聞くと面倒そうだなと思われた人もいるかもしれませんが、慣れるとそれほど面倒なことではありません。

７つの項目を１つずつ見ていきます。

まずは**①状況**です。

ここでは、自分がネガティブな感情を持った状況をなるべく客観的に書きだします。上司に資料をつくるように言われて指示どおりつくったにもかかわらず、「そうじゃない！」と、最初の指示とはまったく違うかたちでのやり直しを命じられたとします。それでムカッときたなら、その状況を客観的に書き出します。

次に、**②感情。**

自分がどんな感情を持っているかを書きます。「あの上司はとにかく理不尽で許せない」「あの顔を見るだけでも腹が立つ」といったことでもかまいません。

③思考。

「このあいだもトラブルが起きたときには自分のせいにされたことがあったなあ」と思ったとしたなら、そのときどう考えたかを書いていきます。

④根拠。

自分がどうして上司が悪いと思ったかの根拠です。あの上司はどうしようもない！というのは感情や思考のフェーズになりますが、「他の社員に対しても同じように理不尽な指示を出している。失敗は部下のせいにして成果は自分だけの手柄にしているのは、他の件を見ても明らかだ」というように分析します。

ここまでは自分がイライラした状況や理由などを細かく分析する作業です。
ここから先はバランスをとっていく作業になります。

まず**⑤反論**です。

上司に対して苛立ち、どうしようもない人間だと思ったとしたなら、そう思った自分に対して反論します。

「あの人も中間管理職だし、難しい立場なのだろう。子供の進学でお金もかかるようだから保身を考えるのは仕方ない」といった感じです。その上司をかばうような感情は持ちたくなくても、あえて自分に反論します。

次に**⑥バランス思考。**

自分が考えた「根拠」と「反論」を並べて、バランスが取れる着地点を探ります。「たしかにあの上司の言い方やふるまいはひどいけど、自分があの立場でお金も必要だったなら同じようになる可能性もあるかもしれない」「とはいえ、やはりおかしいところがあるのは間違いないから、怒りをぶつけるのではなく、冷静に話してみるのがいいのではないか」などと考えます。

自分のなかでバランスを取ることが目的なので、実際に上司と話をする必要がないのはもちろんです。

最後が**⑦気分**です。

ここまでをゲームだと思い、バランス思考までをやってみたうえでの気分を書きます。そうすると、確実に変化は出ているはずです。完全に怒りがおさまっていたり、上司に対する嫌な感情が消えてなくなってはいなくても、「ちょっと怒りはおさまってきたし、怒ってばかりいても仕方ないから自分がやるべき仕事をしよう」というようになるものです。

この一連の作業を行うと、イライラしたから悪い癖に手を出す、というふうに直情的にはならず、自分の考えを分析して、現実に対処できるようになります。

それによって自分の感情をコントロールできるようになっていくのがこのテクニックのすぐれたところです。

このようなやり方によって、悪い癖をリバウンドさせてしまう強烈なストレスもコントロールできることがわかっています。強烈なストレスがある場合に限らず、普通のストレス対策としてやってみるのもいいでしょう。

＜インターパーソナル・プロセス＞

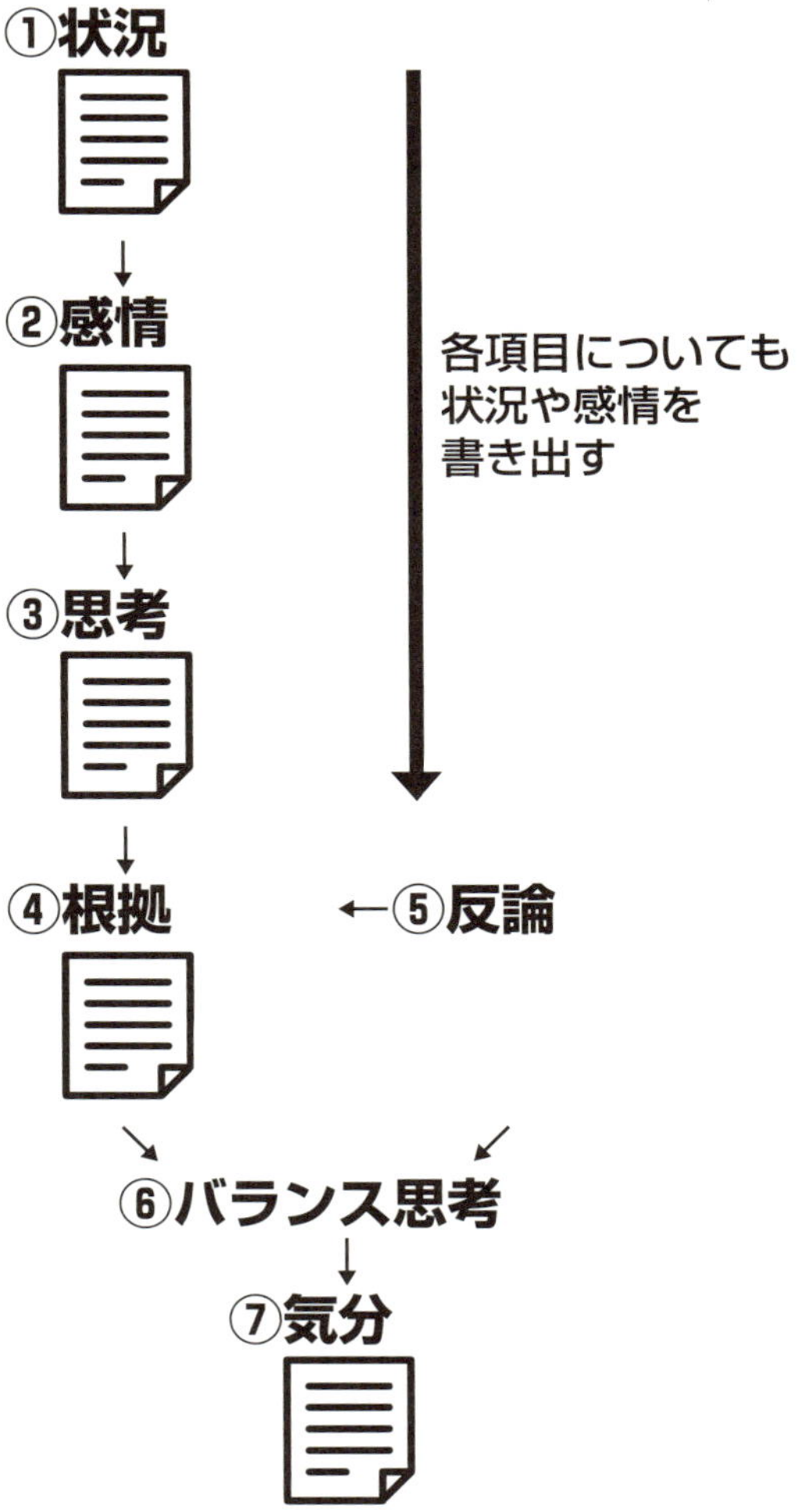

欲求と行動を切り離すすごいテク「レインテクニック」

ここまでに7つの悪癖リバウンド対策法を紹介しました。
次に紹介するのは上級編となります。
比較的単純なのでインターパーソナル・プロセスが面倒くさいと感じる人にもオススメです。**「レインテクニック」**といいます。

雨に関係するわけではありません、考え方の核となる言葉の頭文字をとっていくとR・A・I・Nとなるのでこう呼ばれます。

マインドフルネスの考え方もそうですが、日頃から「自分がいまどういう状況なのか」ということにしっかり向き合っている人は欲望に振り回されず、自己コントロール能力が高いことがわかっています。

このレインテクニックも考え方としてマインドフルネスに近いところがあり、自分をコントロールできるようにすることを目的にしています。[48]

人間は通常、ご飯が食べたいなあと思えば食べ、テレビを見たいと思えば見る。文句を言いたいと思ったら言う、というように、欲求と行動はセットだと思っていて、そこに悪癖をやめる難しさがあるわけですが、マインドフルネスやレインテクニックを使えば、悪い癖をやめられるだけでなく、**欲求と行動を切り離す**ことができます。

僕の場合、お腹が空いて間食したいなあと思ったときでも、間食はしません。街かどで美女を見かけたとき、飛びついていきたいなあと思っても飛びつきはしません。欲望は抑えて、戦略的に口説くことはできないかと冷静に考えます。

どうしてかといえば、自分のなかでレインテクニックができているからです。

●「やめよう」と思わず、ただ「観察する」

レインテクニックの**最初のRは、Recognize＝「認識」**です。

たとえばタバコを吸おうと思ったときやネットサーフィンをしようと手が伸びかけたとき、その瞬間、自分がしようとしていることをそのまま言葉にします。

ビジラント・モニタリングにも近い技術ですが、ビジラント・モニタリングでは、

「いまスマホに手を伸ばそうとしているけど、本当にネットサーフィンなんてする必要があるのか？」と自問自答するのに対して、レインテクニックでは、行動自体を言葉にします。「いま自分はスマホに手を伸ばそうとしています」とそのまま実況するわけです。

そのあとには、「スマホを手にしたらロックを解除してGoogle Chromeを起動してＸＶＩＤＥＯＳと入力してエロ動画を見るのでしょう」などと続けていきます。

ポイントは「これをやってはダメだ」などと自分をコントロールしようとするのではなく、**〝自分がしようとしていること〟をただただ観察して言葉にし続ける**ことです。

頭のなかで言葉にすればいいので、口には出す必要はありません。とくに、仕事の打ち合わせ中にもかかわらず、「いま、ＸＶＩＤＥＯＳで人妻シリーズを見たいと思っています」などと呟きだしたら人格を疑われてしまいます。

私の場合、仕事を始める前にコーヒーを飲みたいと思うことがありますが、これは仕事の先延ばしといえます。そこで「そういうのはよくないよなあ」と思うと、かえってそれをやってしまうので、レインテクニックを使って、「ああコーヒー飲もっかな～。そろそろコーヒー飲もっかな～。えーとカップはここに置いて……」というふうに頭のなかで言葉にしながら行動します。すると、いま目の前のことに集中でき、自分が何をしようとしているかに気づいて悪い行動やよけいなことをすることをストップできるのです。

一人でいるときは口に出してもかまいませんが、基本は**「頭のなかで自分の欲求を実況中継し続ければOK」**です。

次のAは、Accept＝「受容」です。

これは、**自分のなかに欲求があることを認めること**です。

「いま自分はコーヒーを飲みたいって思ってるなあ」「あそこにいる美女に飛びつきたいと思ってるなあ」というふうに感じていることをそのまま受け入れます。

たとえば、ネットで海外の論文を検索するというような作業をしていると、その過程でエロサイトの広告が出てくることがあります。まったく気にならずスルーすることもありますが、ちょっと見てみたいな、と思うこともあります。そういうときに、そう感じている自分を否定しないようにする。つまり欲求を受け入れてしまうのです。

「受け入れる」というと具体的にどうやってやったらいいの？　と思うかもしれませんが、私の場合は、欲求そのものを「擬人化」してキャラにしてまう、というのをよくやています。

たとえば性欲なら、僕の場合はセクロス大魔王と名づけています。

「おっ、セクロス大魔王が脳のなかに現れてしまいました！　これは大変だぁ!!」などと、第三者が現れたように扱うのです。

頭のなかにやってはいけないようなことが思い浮かんだり、嫌な感情が湧いてきたりしたときは、「そんなこと考えちゃいけない」と思いがちですが、擬人化したキャラが登場してしまったなら「出てきてしまったな」と思うしかありません。これが「欲求を受け入れる」ということです。セクロス大魔王の登場を認めるのは、鳥が飛んできたときに「ああ、鳥が来たな」と思うしかないのと同じです。鳥の行動なら冷静に観察することができるはずです。

そんなキャラが心のなかに現われるたび「ようこそいらっしゃいました！」と頭のなかで言ってみるのもいいと思います。

３つめはＩで、Investigate＝「調査」です。

受容した次には、好奇心をもって自分の欲望を調べるようにします。

自分の心や体はいま、どういう状態なのか？　いまの欲望はどれくらい大きいものなのか？

セクロス大魔王が現われたのだとすれば、今日のセクロス大魔王はどの程度、気合いが入っているのか？　すでに全裸になってるのか、特殊プレイで下半身だけ裸になって来ているのか……と観察、分析していきます。

擬人化していると、この作業もやりやすくなりますセクロス大魔王ではなく、食欲大魔神でもなんでもかまいません。自分の欲求に興味を持って接してみることがポイントです。

４つめはＮで、Note＝「言語化」です。

自分の欲望を言葉にする作業です。

たとえば欲求が生じて誘惑に負けそうになっているのだとすれば、「いまの自分はこういう欲求を抱き、こういうことをしたいと思っている」「その欲望はまだ消えてないけど、さっきよりはおさまってきている」というように言葉にしていきます。

これははっきり言って少しめんどうくさいのですが、めんどうくさければ、自分の欲望にキャッチコピーをつけたり、名言風に表現してみてもいいと思います。

私なら、「政治家には法を、美女には棒を」などといかにも名言風にわけのわからないことを言ったりするわけですが、これを言うことで欲求がコントロールできるので、多少くだらなくてもメリットはあるわけです。

面白いキャッチコピーや擬人化を行おうとすると脳の好奇心も刺激してより悪癖を防止する効果があると思うので、おすすめです。


ちなみに、言語化についてはMRIで脳をスキャンしてみた研究があり、それによると、**自分の欲望にうまいキャッチコピーをつけることができている人ほど、感情をコントロールする扁桃体の活動を抑えられている**ことが判明しました。

そうだとすれば、コピーライティングのテクニックを学ぼうという発想を持つのもいいわけです。コピーライティングの入門書や名言集などを読むようにして、気の利いたキャッチコピーをつけられるように勉強するのもいいでしょう。

このように、**レインテクニックでは、自分の感情を否定しないで認識して、擬人化するなりして受け入れ、その欲望（キャラ）がどんな姿をしているかと調査し、最後に言語化します。紙に書いてもいいし、書かなくても大丈夫です。**

一連の作業が面倒だという人は、シンプルに自分の欲望を言葉にするだけでも効果があります。

こうした作業を繰り返しているうちに「欲求と行動を切り離す」ことができるようになります。

最初は面倒に感じていても、慣れてくれば自然にできるようになるので、ぜひやってみてほしいと思います。

悪い習慣をひと言で直す
「自己暗示」

最後に、最強にシンプルな方法を紹介してこの章を終わりましょう。

悪い習慣をやめるうえでは「自己暗示が有効ではないか」とも考えられるようになってきました。自己暗示にはあやしいテクニックも多いのですが、研究で効果が実証されています。

サンプル数が少ないのでこれからまた研究が進んでいくものと期待されますが、非常にシンプルなやり方です。

直したい悪癖をやりそうになったら、あるいはしてしまったら、**「この習慣を忘れろ！　この習慣を忘れろ!!」と自分に命令**します。つまり自己暗示をかけるわけです。

ただそれだけでも効果があるといいます。

これまでは、意志の力にゆだねるようなやり方は、悪い習慣に向き合うときには逆効果だといわれていました。そのため、「スマホを見たくなったら、キンドルを開く」というようなIf thenプランニングなどのテクニックを使ったり、あるいは、悪癖に手を出しそうになったらとにかくできる限り早くそれをやめる、という方法が有効だとされてきました。たとえば、スマホを見てしまったら、すぐにバーンとスマホを置く。見続けてしまうと悪い習慣が強化されてしまうので、すぐやめる、というのが重要になります。そしてこのタイミングを早くすればするほど、スマホに手を出す前にやめられる、というわけです。

今回、この2つに加えて自己暗示に効果があることがわかりました。

ただし、自己暗示が有効だとしても、万能ではありません。基本的にはこれまで紹介してきたようなテクニックを使って悪い癖を直そうとしていき、補助的に自己暗示も導入してみるのがいいのではないかと思います。

たとえば、つい悪い習慣に手を出してしまったとき、「いまのことはもう忘れる！あんなことはもうしない!!」と強く念じます。

効果があると信じているほど、効果は高くなります。ぜひ試してみてください。

第5章のまとめ

悪癖をリバウンドさせない4つのシンプルな方法

❶ 逆説的介入——あえて悪い癖を義務づけて、行動を制御する
❷ ビジラント・モニタリング——「番人」になって自分に問いかける
❸ ディストラクション——誘惑から目を逸らす
❹ 刺激コントロール——原因を遠ざける
(※このうち2〜4は使い分ける)

ウェンディ・ウッド教授のイチオシ

❺ ディスラプティング——悪い癖の前にある行動を変える

さらに強力にリバウンドをふせぐ心理学的なテクニック

❺ セルフ・レギュレーション——未来の自分からいまの自分を見る

❼ストレス反応対策——ボディスキャンやリラクゼーション・テクニックなど

❽インターパーソナル・プロセス——認知の歪みを直していく

上級編のテクニック

❾レインテクニック——欲求と行動を切り離す

❿自己暗示——効果が実証されだしているので補助的に導入してみる

第6章

パートナーから親、子供まで【他人の悪い癖を直す方法】

夫や妻、子供、あるいは親……。家族やパートナーの悪い癖に気がついていて、なんとか直せないかと考えている人も多いはずです。

そんな場合にどう直せばいいのか?

そもそも悪い習慣を直すのはとても難しいこととされています。まして他人であれば相当難しいのは確かです。

それでも、やり方さえ誤らなければ、他人の悪い癖もちゃんと直していけます。

ここでは、まず他人の悪癖を直すための基本の考え方を紹介し、そのあとで具体的に実行するときの5つのポイント、そして最後に、パートナーと共有していただきたい、悪い癖を直すときの基本の7つのステップを紹介します。

「いっしょにがんばる」がもっとも効果的な理由

夫婦やカップルであれば相手の、子供がいる方なら子供の悪い癖を直したい、と思ったことがある人もいると思います。

しかしこれは、大きく2つの理由によってうまくいかないことが多いです。

ひとつは、前にも言ったように、新しい習慣をつくるよりもすでにある習慣を消すほうがはるかに難しいということ。

もうひとつは、どんな人もプライドがあって、やっぱり他人に悪い癖を指摘されるのは嫌なものだからです。悪いところを認めたくないのが人間なのです。

ですから、他人の悪い癖を直したいときは、この2つの問題をどう解決するかがポイントになります。まずこのことを頭に入れておいてください。

いい習慣にも悪い習慣にも、パートナーの存在が効く！

ではどうしたらよいでしょうか。

まず前提としていえるのは、**いい習慣をつける場合も、悪い習慣をなくす場合も、パートナーの存在は大きな助けになる**ということです。

第2章でも「友人サポート」や「コミュニティ」の大切さは解説しました。パートナーの存在がプラスに働くことはさまざまな研究からも判明しています。

ウエストチェスター大学が行った調査を見てみましょう。ジム通いを始めたばかりで、まだ習慣化できていない181人の男女を対象にした調査です[49]。

「ごほうびを与える」「他の人と競わせる」「仲間をつくる」という3つのパターンの習慣化のテクニックによってグループ分けし、どのグループがもっともジム通いを習慣化できたかを検証しました。

具体的な方法はというと、「ごほうび」のグループは1回30分の運動を週3回したらいくら、というようにお金を報酬とし、「他人と競わせた」グループは、参加者がそれぞれどれくらい運動しているかをお互いに比較できるようにしました。そして

「仲間をつくる」のグループは、参加者どうしてペアを組ませ、いっしょにジムに行ってもらうようにしました。

すると、いちばん結果が良くなかったのがごほうびのグループで、二番目が競争させたグループ、いちばん結果が良かったのが仲間をつくるグループだったのです。

3週間くらいの短期的な実験ですが、ごほうびのグループは、この実験によりジムに通う回数は約2倍になりました。それまでは週1回以下だったのが、平均すれば週1・5回くらいになったのです。習慣化のなかでも運動習慣をつけるのとは難しいことなので優秀な数字です。しかし、3つのなかではこれがもっとも効果が低かったのです。

他の人と競ったグループはジムに通う日が週2回以上になったので、約2・5倍、そしてジムに仲間をつくったグループは、それ以前の約3倍になったのです。

つまり、**「仲間をつくる」という方法は習慣化において最強**だということです。

この実験でユニークなのは、その後の追跡調査をしている点です。

実験を終えて4週間経つと、どのグループも実験前と同じくらいしかジムに行かなくなっているのがわかりました。3週間でジムに通う習慣ができても、同じくらいの期間でその習慣はなくなってしまうということです。

ですが、ここからがこの実験のポイントですが、仲間をつくったり、他人と競い合うようにしていたグループが実験後にも「仲間との関係」を維持していたなら、結果は違っていたはずだということです。

ですから、**習慣づくりをしたり悪癖を直したいと思ったら、仲間やパートナーといっしょに始めること**。

そして、その関係を維持しながら続けていくことが、習慣化、そして悪い習慣をやめるコツなのです。

「自分も直すから、いっしょにやろう」と誘う

パートナーがいる利点は、〝共にがんばれる〟ということです。同じ目標でなくても、**「お互いにそれぞれの目標をがんばる」**ということでいいのです。

ただ単に「禁煙して！」と言ってしまったら相手は反発しますが、「私は間食をやめてダイエットをがんばりたいんだけど、誰かといっしょにチャレンジすると挫折しなくなるらしいから、あなたも何かいっしょにやってくれない？」

というように、お互いが別々に自分の目標を設定し、「いっしょにがんばろう！」と言うのは、超おすすめの誘い文句です。上から目線で「あなたのこの悪い癖を直しなさい！」というような言い方と違って、「協力してくれない？」と言えば、誰だって悪い気はしないはずです。相手のプライドを傷つけることがないからです。

しかも、自分から率先して相手に弱みを見せることで相手は安心し、自分にも悪い習慣があることを認めることができるようになるのです。

では、次項からパートナーの悪癖を直すための5つの具体的なテクニックを紹介していきますが、いま解説したような考え方やパートナーとの関係性を理解したうえで取り組むと、効果は全然違ってきます。

ぜひ、パートナーと共有していっしょにがんばってみてください。

Technique 1

手本を示して、まわりを〝感染〟させる

ここからは「他人の悪い癖を直すための5つのテクニック」を紹介していきます。これらは、2013年にテキサス大学が過去の研究などを検証しながらまとめたものです。[50]

1つめは**「手本を示す」**です。

親が子供の悪い癖を直そうとするときなどにやりがちなのが「おまえのこういうところは良くない、直しなさい！」と一方的に叱りつけることです。そうすると、相手が子供でもやはり抵抗を示します。

ではどうしたらいいかというと、**自分も何か悪い癖を直しているところを見せる**のがいいのです。たとえば子供に「勉強しろ」と言うときには、親も何かしらの勉強をして、「勉強は楽しい」とか「勉強は役に立つ」ということを、身を以て子供に理解

させるようにします。

よく、政治家やコメンテーターが自分のことを棚に上げて偉そうに批判ばかりしているのを見て、「お前が言うな！」とイラッとすることがあると思います。上から目線で批判的に言ってしまうとそれと同じことになってしまうので、そうならないように、自分も何かにチャレンジしながら、相手に言っていくわけです。

自分のどこを直せばいいかを、相手に聞く方法もあります。

「私のここは嫌だなあってところ、どこかない？」と聞いてみるわけです。「夜にポテチを食うのはやめたほうがいいんじゃない」とか、「すぐに怒るところかな」とか返されてもムッとせず、「じゃあ、わたしはそれを直すから、あなたはここを直して」と〝共にがんばる〟かたちをつくっていきます。

これがなぜ効果的なのかというと、**人間は、「言って聞く」のではなく「見て聞く」生き物**だからです。

誰かに言われたから自分を変えるのではなく、まわりの人間の行動を見て、自分の行動を規定しているのです。ですから、「あいつは言っても聞かない」というのは当たり前のことなのです。

他人の行動は、自分がどう行動するかの判断基準となります。だからこそ、他人の行動を変えたいなら、口で変えるのではなく、**伝染させて感染させる**、と考えるのがポイントです。

たとえば私の会社のスタッフは、日頃からよく筋トレをしまくっています。なぜかといえば、私が海外にいるときでも毎日筋トレを続けていたり、食事に気をつけているので、それがみんなに伝染していったからです。

いいことも悪いこともまわりに伝染します。ですから、誰かの行動を変えたいならまず自分の行動を変えていきましょう。

Technique 2

質問で「ゴール」を明確化する

2つめは**「ショートゴールの設定」**です。

なかなか悪い癖を直せない人のなかにはゴールの設定が下手な人が目立ちます。

たとえば、「いい成績をとりたい」というように、ゴール設定が抽象的になっている人がいます。「平均80点以上とる」でもまだ抽象的です。もっともっと具体的にしていかないと習慣はうまくいきません。

このときちょっと混同しがちなのですが、「目標」は、少しあいまいな立て方でもいいのです。なぜかというと、目標に到達する手段はひとつとは限らないからです。

飛行機でパリに行こうと考えたとき、はじめから「直行便で行く」と決めてしまうと、直行便の席が埋まっていたらパリそのものに行けなくなってしまいますが、「ルートはいろいろある」と考えれば、飛行機会社の選択肢も増え、さまざまな切符のなかから気に入ったものを選べるようになります。

それとまったく同じで、目標はあいまいにして自由度を持たせておきます。

ですが、**目の前の行動は明確にしておくのが基本**です。

そこで生まれてくるのが**ショートゴール＝短くて達成可能なゴール**です。

目標に達するための手段を、質問してあげる

本を読む習慣をつけたいと思っている人が「毎日1時間本を読む」という目標を立てるのはいいのですが、それだけでは、そのためにどうするべきかの行動が明確になっていません。

そんなときにパートナーは「どんな本を読みたいと思ってるの？」「何時ぐらいに読もうと思ってるの？」「朝と夜では、どちらに読むのがいい？」などと、具体的に質問をしてあげましょう。この質問によって、パートナーがめざすべき目標に達するまでのショートゴールの設定に介入できます。

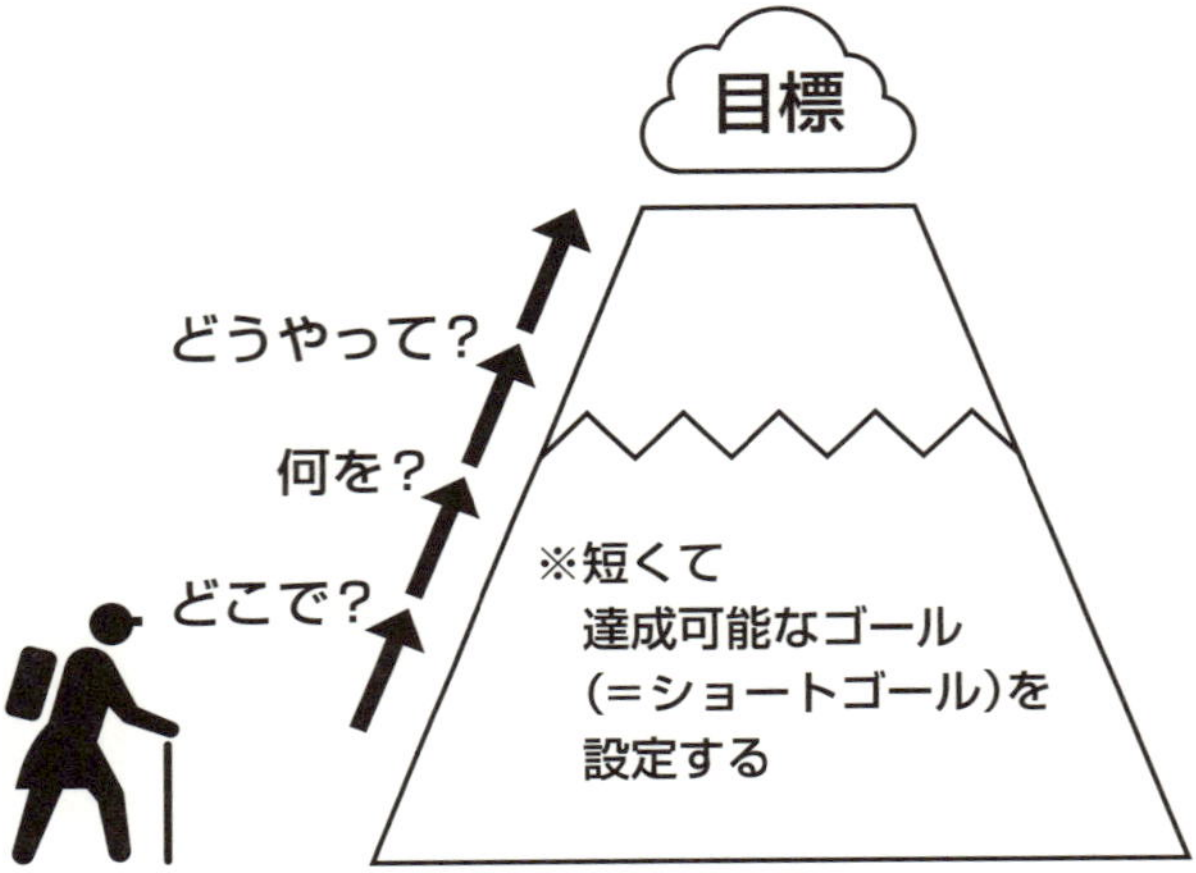

ただしその場合、「そんなんじゃ読まないでしょ。何時から何時までアラームをかけて読むようにすべきだよ」などと上から指示するのはＮＧです。人間はやはり、自分で決めたことでないとなかなか守れないからです。

パートナーの目標が抽象的で具体的な行動に結びつかないものの場合は、「いつ？」「どこで？」「何を？」「どうやって？」などと細かく質問し、やるべきことを明確にしてあげましょう。

手の届きそうなゴールが見えれば、とりかかりやすくなるものです。

Technique 3

マイナス効果になるほめ方とプラスのほめ方

3つめは**「ほめ方に気をつけること」**です。

相手の習慣を変えようと考えているときにはすぐに「すごいね！　やっぱり意志が強いんだね」などと全面的にほめがちですが、実はこれは最悪の褒め方です。あとで説明しますが、悪癖が直るどころか、加速してひどくなることさえあります。

また、「1日1時間勉強すると言ってたのに、15分しかやってないじゃない！」と怒るのもダメです。もともとまったく勉強していなかったのが15分勉強するようになったならそれは進歩なので、むしろほめるべきことです。

他人の悪癖を直すときに大切なのは、**嘘でもいいから、少しずつでも前に進んでいるように感じさせてあげる**ことです。

そこで、**少しでも進歩があったらすぐにフィードバック**してあげるようにします。

「最初に立てた目標を達成するにはまだ時間がかかるけど、こういう進歩があった

ね」というように言ってあげるのです。

大切なのは、なるべく早く、すぐにフィードバックすること。なぜかというと、人はすぐに成果が出ないとやる気が起きないからです。

目標に向かってチャレンジするとき、比較的早く結果が表われる場合もあれば、なかなか結果が出ない場合もあります。

勉強の習慣などは後者の典型です。次のテストでいい点を取れた、というようにすぐに結果が出ることもありますが、がんばって勉強したことが社会で役に立ったのかという話になれば、10年後、20年後というスパンの話になります。

なかなか成果が出ないことを持続するのは難しいものです。だからこそ、少しずつ進歩しているとフィードバックしていくことが大事になるのです。

逆効果になる「固定マインドセット」

では、先ほど言ったように、逆効果になってしまう褒め方とはどんな褒め方でしょうか。

人の能力に関する心理状態には、**「能力も性格も生まれつきのものであり変化しな**

い」と考える**【固定マインドセット】**と、**「自分の未来は、努力や自分がとる行動によって変えていける」**と考える**【成長マインドセット】**があるとされています。

習慣を変えていくには、固定マインドセットではなく成長マインドセットを強化していかなくてはならないのですが、**ほめ方を誤ると固定マインドセットが強化されて、悪い習慣が直らなくなることが研究で確認されています。**

たとえばパートナーがダイエットに成功したとき、「すごいね！ やっぱり意志が強いんだね」というほめ方をするのは危険です。

どうしてかといえば、意志の力でそれができたように言われると、「地道な努力をしないでも自分はできるんだ」と考えるようになるからです。そうなると、そこから先は努力をしなくなります。

そして反対にダイエットに失敗すると、「失敗したのは、そもそも自分の意志が弱いからだ。だったらもう何をやってもムダだ」というふうに考えてしまいます。

そうならないようにするにはどうすればいいか？

能力や結果ではなく、相手が取った戦略や努力をほめることです。

そうするとその人は、「こういうことによって自分は変わっていけるんだな。じゃあ次はどんなふうにしようかな」と思うようになり、目標に向かってさらに努力を続けていく力になります。

「自分は意志が強いからいつでも禁煙できる」と口にしている人間ほど、一度、禁煙してもすぐにまたリバウンドしがちです。能力に頼ってはダメなのです。

習慣コントロールにおいては、能力よりも**戦略ファースト**でいくべきです。

Technique 4

環境を変えて、原因となる刺激を遠ざける

4つめは**「環境を変えてあげること」**です。

人間は環境に適応して行動を決める生き物なので、引っ越しがきっかけで悪い癖をやめられたり、子供の場合は部屋の模様替えをするだけで勉強するようになる、といったことが起こります。環境から受ける刺激が変わるからです。

悪い習慣をやめるためにも環境を変えるのは効果的です。

だからといって、それを目的に引っ越しすべきだということではありません。前章で紹介した「刺激コントロール」の考え方を取り入れるのもいいでしょう。悪い癖は環境が手がかりとなって発生するケースが多いので、癖を引き起こす原因そのものを遠ざけてしまうのです。たとえば、社内から喫煙所を撤去してわざわざ遠くまで吸いにいかなくてはいけないようにすると、喫煙行動は明らかに減ります。

重要なのは、**意志の力よりも環境**だということです。

私の場合も、日本でやめられずにいる悪い習慣が、海外ではやめられているのに気がつく場合があります。そういうときには日本の自宅と海外のホテルがどこが違うのかを考え、自宅の環境を進化させるようにしています。

パートナーの禁煙を手伝いたいのであれば、どういう環境にするのがいいかをいっしょに考えてみるのもいいと思います。

単に「タバコを吸ってはダメ！」と言うのではなく、「あなたはこういうときによくタバコを吸ってるから、こうしたら減らせるかもね」というように教えてあげます。

こうした意見交換の際には批判のニュアンスを入れずに伝えるのがポイントです。

Technique 5

ひとりきりで戦おうとしない

5つめは**「サポート・ネットワークをつくること」**。

これは第2章で習慣化の成功確率を高めるためには「コミュニティを利用」することが大切だと解説したのと同じです。

とにかく人間はまわりの環境に影響されやすいので、悪い習慣を直したいときには、コミュニティをつくるか、コミュニティに入ることを考えるのが有効です。

仕事のあとに会社の仲間と飲みに行ったときに飲みすぎたり、そのあとラーメンを食べにいったりすることが多いとします。それをやめたいなら、奥さんに協力してもらうだけでなく、会社のなかでそれをやめようという仲間をつくります。そのほうがやめられる確率は高まります。禁煙したい場合なら、禁煙コミュニティに入るのももちろんいいですし、禁煙に成功した人との関係を密にして、その人から何かを学び取るようにするのもよいと言われています。

身近に仲間がいなければ、SNSを使ってネットワークをつくったり、掲示板やチャットを利用したりするのもいいでしょう。同じ悪癖をやめられずに悩んでいる人たちと現状を報告しあい、協力関係をつくれるのであれば、リアル、ネット問わず助けになるはずです。

このとき、**うまくいっていることだけでなく、失敗したこともちゃんとシェアする**のがポイントです。自分の弱みから目をそらせばそらすほどストレスも溜まって、前に進めなくなるからです。そこで、「今週、仕事のストレスでついどか食いしてしまったんですけど、みなさんこういうときどういう風に対処してますか?」というふうに悩みを共有するようにすると、議論が深まって互いに努力の質を高め合っていけます。

ひとりきりで悪癖と戦っていくのはほぼ不可能だと考え、ぜひ仲間を見つけてがんばってください。

ハーバード大学式 悪い癖を改善する基本の7つのステップ

悪い癖を誰かといっしょに直していこうと考えている場合、**パートナーとシェアしておきたい「7つのステップ（知識）」**があります。

これは、ハーバード大学で、爪の噛み癖に悩んでる子供をどうすれば直せるかという観点から進められた研究です。[51]

習慣化のテクニックに対する考え方などをベースにしている汎用的なものなので、どんな悪癖をやめようとする際にも知識として応用できます。

STEP 1

心からその習慣をやめたいと願う

ステップ1は、**心からその習慣をやめたいと願うこと**、です。

「何を当たり前のことを言ってるんだ⁉」と思った人も少なくないはずですが、現実はどうでしょうか？

「絶対にやめるぞ！」という強い意志を持つこともなく、習慣をやめようと取り組みはじめる人は意外に多いものです。

爪の噛み癖を直そうと考えている人などはとくにそうです。喫煙習慣などとは違って強い依存性があるわけでもなく、健康を大きく害することもないので、どこかであまく考えています。やめようと思えばいつでもやめられるという感覚でいることがやめられない原因になっています。

「たいしたことではないから」「本気は明日出す」といったスタンスで癖を直そうとして挫折する人は多いのです。

癖を直すのは、たとえ害のない小さな癖であっても直すのは非常に難しい、そんなにあまいことではない、ということを肝に命じたうえで、「絶対に直したい」と心から願うことが、ファーストステップになります。

STEP 2
やってしまっても自分を責めない

ステップ2は、**やめようとしていた悪癖をやってしまっても、自分を責めないこと**、です。習慣化を考えるときにも失敗を許容するセルフ・コンパッションを持つ必要があるということはすでに解説しました。それと同じです。

ダイエット中に少し何かを食べてしまったからといって「自分はダメだ！ もうダイエットはムリだから明日は思いきり食べてしまおう」となっては最悪です。

そうならないようにするためにも、一度や二度、いましめを破ったからといって、自分を抑圧したり責めたりはしないことです。

爪を噛む癖をなかなか直せず怒られた子供は、逆に爪を噛む癖がエスカレートしやすいことも研究でわかっています。悪い癖について「やってはいけない！」と抑えられすぎると、意識は逆にその癖へと向かってしまうからです。

自分で自分を責めてはいけないだけではなく、悪癖をやめさせようとするパートナーの側でも、**相手を責めないようにするべき**です。

自分や相手を責めるのではなく、「どうすればよかったか」を反省して、次に生かす。

この姿勢が大切です。

STEP 3

拮抗反応を利用した「習慣逆転法」を取り入れる

ステップ3は、**悪い癖を別の癖に置き換えること**、です。

爪を噛む癖を直したいなら、ガムを噛むとか、ポケットに手を入れるとか、指を回すような手遊びをするとか……。別の癖や習慣に置き換えた人たちのほうが爪噛みをやめることに成功しやすいのがわかっています。**「習慣逆転法」**とも呼ばれるこのやり方は、うまく導入すれば、高い効果が得られます。

「拮抗反応（拮抗作用）」を利用するのが考え方の基本です。

拮抗反応とは、**2つのことを同時にできず、同時に行なえば互いに打ち消し合う作**

用のことです。

タバコを吸うのをやめようと決めたとき、「タバコを吸いたくなったら筋トレをするというルール」をつくっても、それを怠らずに実行できる人はなかなかいません。

タバコをやめたいときに多く用いられる習慣逆転法はガムを噛むことなどです。

ガムを噛みながらでもタバコを吸えなくはないかもしれませんが、普通に考えれば同時に両方することはなく、**「どちらか一方」にすべきこと**です。

両方を行えば拮抗する。そういう習慣に置き換えるのがこのやり方です。

ストレスを感じたときにタバコを吸いたくなることが多いということがわかれば、「タバコを吸いたいと感じたときはガムを噛む」というルールを設定し、だんだんと禁煙からガムを噛む習慣に置き換えていきます。

ダイエットをしている場合でいえば、お菓子を食べたくなったらフリスクのようなミント系タブレットなどを口に入れるようにするのもいい方法だと思います。フリスクを口に入れた状態で、普通はポテチを食べません。

最初はフリスクでは物足りなく感じるかもしれませんが、そのうち口寂しくなったときにはフリスクを口に入れることに慣れていきます。

フリスクの代わりにナッツを一粒にするのもいいでしょう。ナッツは栄養価が高いうえに腹持ちがいいオススメの食品です。

このように、癖を別の習慣にうまく置き換えていきます。

「この癖をやめるには、どうすればいいか？」を考えるうえでは、「あなたはよくこういうことをしているよ」「こういうときに悪い癖が出ているよ」などまわりからの客観的な意見も参考にしてください。

STEP 4

目印をつけておく＝「ビジュアル・リマインダー」

ステップ4は、**ビジュアル・リマインダーを使うこと**、です。

悪い習慣を直したいときにはまずトリガーがどこにあるべきかを考えるべきだということは前章で解説しました。

悪い習慣を行なうきっかけになる部分を見直していくのが大切だということですが、それをわかりやすくするのがビジュアル・リマインダーです。

自分がこれから悪い癖を始めようとしていることにすぐに気づける「目印」をつけておくようにします。

方法論としては、習慣化の成功率を高めるテクニックとして紹介したポジティブ・キューに似ていますが、もう少しシンプルに考えてもいいでしょう。

寝る前についスマホを触ってしまう習慣を直したいなら、枕元のスマホの上に何かの小物を載せておくだけでもいいのです。

そうすれば、スマホに手を伸ばしかけたとき、それに気づいて「そうか、寝る前にスマホを触ると、睡眠の質が落ちるからやめようと思って、これを載せておいたんだ」と思い出せます。

こうしたリマインダー効果のある目印をうまく使っていくようにしていきます。

爪噛みをやめたいときには爪に赤チンやマニキュアを塗っておくというのは昔からよく行われているやり方でした。そこまでしなくても、よく噛む指に指輪をはめておいたり、手首に「NO!」と書いたリストバンドをしているだけでも、目に入った瞬間、「爪を噛んではいけない！」と思い出せます。

いろいろと応用できるテクニックなのでぜひ自分にあった方法を工夫してみてください。

ついついお菓子を食べてしまうのをやめたいなら、お菓子が入っている棚に何か目印をつけておくようにします。バッテンやドクロマークの張り紙などもいいですが、目印になるキーホルダーやリボン、紐などをつけておくのでもかまいません。目に入り、目印の意味を思い出せればいいので、赤、黄色など派手めのものがオススメです。

私自身、よくこのテクニックを使っています。

たとえば旅先などで、朝のバーピーをさぼって、だらだらスマホを見たりしないようにするため、寝る前にはスマホの上にバーピーをするときに着ける滑り止め用の手袋を置いています。

こうしておけば、朝起きたときに「スマホをだらだら見るのではなく、まずバーピーをするんだ」と思い出せます。

シンプルな方法ながら高い効果が期待できます。

STEP 5

「トリガー状況」を特定する

ステップ5から7まではこれまでに紹介したテクニックとも重なりますが、ハーバード大学の研究でもまとめて検証されているので、ここでも紹介しておきます。

ステップ5は**「トリガー状況の特定」**です。これは、何が引きがねになって悪い癖をやってしまったかを自分でしっかり理解しておくことです。「今日はこういう流れでお菓子を食べてしまった」ということがあれば、**その状況を思い出してメモしておきます**。

何度も解説しているように、やってしまったからといって自己嫌悪に陥る必要はありません。

大切なのは、自分に厳しくすることではなく、自分を客観的に見ることです。

ですから、「メモをちゃんとできたらお菓子を食べてしまってもいい」というルールをつくってもいいくらいです。悪い癖を直すときは客観性が大事だからです。

記録をていねいにとるようにしていけば、客観性を高めていくことができます。

STEP 6

「トリガー感情」を特定する

ステップ6は**「トリガー感情の特定」**です。

悪い癖は、まわりの状況から引き起こされるだけでなく、自分の感情や思考から引き起こされる場合もあるからです。

そこで、悪い癖を行ってしまったときは、そのときどういう状況で、どういうことを考えていたか（どういう感情を持っていたか）、つまり**状況と感情をセットで記録しておく**のです。

私自身、この作業はよくやっています。とくに「怠けポイント」については自分で徹底的に探るようにしています。

いつも、できるだけ怠けずにさまざまなことを学んで効率よく仕事をしていきたいと思っていますが、人間だからやっぱり怠けてしまうこともあります。

そのときには、「怠けちゃいけない！」と考えるのではなくて、「これは怠けポイントだな」と意識して、「ああ、自分はいま怠け始めたな～」「しょうがない、そういうこともある」「でもなんで怠け始めたのかな。きっかけはなんだったかな～」と考えるのです。

そして例えば、「昨日は飲みすぎたから今日は運動はやめようって考えたなー」とわかったら、「めんどくさいって感情となんか体が重いしなーみたいな感情があったな」というように、そのときの感情も振り返し、**必ずメモをとります**。

こうした作業を続けていると、「ああ、自分はこういうときに怠けスイッチが入りやすいんだ！」と知ることができます。

そして、仮に「これがあると怠けてしまうな」というような、怠け癖を発動させる具体的なモノがわかったら、旅に行く際などにはそれをすぐに取り出さないようにするため、バッグの奥底にしまっておく、といった対策をとります。

こうしたシンプルな対策をとることにより、なまけ癖などでも発動しにくくなるものです。

「トリガー状況」と「トリガー感情」の両方を記録するのがポイントです。

「失敗して当たり前」と考えておく

ステップ7は、**失敗を前提にすること**。

悪い癖を直すのは本当に難しいので、失敗するのが普通です。一度トライして、一発で成功するとは思わないようにしてください。

そして**誘惑に負けても自分を責めずに、その状況や感情を観察して記録しておくことだけが大事なんだ、とはじめから意識しておく**のがとても大事なことです。

繰り返し言っていることですが、ちょっと失敗したときにめげたり自分を責めたりするとかえって悪い癖が加速してしまうからです。

パートナーといっしょに悪癖改善に取り組んでいると、失敗したときに恥ずかしいとか、自分の意志の弱さを見せたくないという気持ちが働きます。でもそういう気持ちが強いと逆に失敗から立ち直れなくなり、直る癖も直らなくなって非常にもったいないので、「失敗は当たり前で恥ずかしいことではない」という意識を、必ずパートナーとシェアしておくようにしてほしいと思います。

誘惑に負けないようにするのではなく、誘惑を観察し続ける

悪い癖をやめるときにはこの意識が本当に大切です。

パートナーがいれば、その意識をシェアしたうえでお互いに観察もし合えるので成功確率を高くできます。

子供の教育でも同じです。

「また勉強しないでゲームばっかりして！」と叱ってしまうと、「自分はダメなんだ」と思わせてしまうだけで、かわいそうなうえに逆効果です。

子供だって、本当は勉強をしたほうがいいのはわかっています。勉強すれば親にほめられ、学校でもすごいと言われるわけですから。やったほうがいいのはわかっていながらできずにいることに困っていて、しかもそんな自分を責めているのでなおさらできなくなっているわけです。

ですから、できない自分をあまり責めさせず、たとえ3分でも、教科書をただ開いただけでも、「今日は少し勉強ができたね」「そのやり方はいいね」とほめてあげてく

ださい。

自分を客観的に見る能力は人生でほかのところでも非常に役に立つので、ぜひ日頃から意識しておいていただくといいと思います。

癖の早期発見のためにもパートナーが大切

最後にひとつつけ加えると、悪い癖を早く見つけて対処するためにも、お互いに観察してチェックし合えるパートナーがいることは有効だということがわかっています。

なぜかというと、**「新しくついた癖は簡単に消せる」**ことがわかっているからです。

レーゲンスブルク大学では、2014年、学生40人にある癖をつけさせたうえで、「その癖を自分の意志でなくせるか」という実験を行いました。[52] 結論からいうと、新しい癖を自分でなくそうとするのは難しくないということがわかりました。

長年しみついた悪い癖は意志の力だけで直すのはほぼ不可能で戦略的に直していく必要がありますが、ついたばかりの癖なら意図的に消せるということです。

だとすれば、悪い癖がついたときやつきそうなときに「あなた、それ最近癖になっているんじゃない？」と指摘してくれるパートナーがいれば、その段階で直してしまえるわけです。

悪い癖は、現段階でついてしまっているものだけでなく、これからついていくものもあるので、こういった知識をパートナーと共有して互いにチェックしていくようにすると、癖が悪化する前にラクに対処できます。

良きパートナーを見つけて、ここまでに挙げてきた知識やテクニックをシェアしておけば、いい習慣も悪い習慣もコントロールできていきます。

それによって人生を思いどおりにしていけます。

第6章のまとめ

他人の悪い癖を直すための5つのテクニック

❶「お前が言うな!」とならないように手本を示す
❷目の前の行動を明確にする「ショートゴール」をつくる
❸固定マインドにならないように「ほめ方」に気をつける
❹環境を変えて原因となる刺激を遠ざける
❺サポート・ネットワークをつくる

知識としてシェアしておきたい7つのステップ

❶心からその習慣をやめたいと願うこと
❷やってしまっても自分を責めないこと
❸悪い癖は別の癖に置き換えること
❹ビジュアル・リマインダーを使う

❺トリガー状況を特定して記録しておく

❻トリガー感情も特定して記録しておく

❼失敗は当たり前という意識をパートナーとシェアする

33. Habitual exercise instigation (vs. execution) predicts healthy adults' exercise frequency.
https://psycnet.apa.org/record/2015-30036-001

35. On the Role of Passion in Performance
https://onlinelibrary.wiley.com/doi/abs/10.1111/j.1467-6494.2007.00447.x

36. Using Curiosity to Increase the Choice of "Should" Options
https://www.apa.org/news/press/releases/2016/08/using-curiosity.pdf

37. Consumer behavior study finds response to an initial slip in discipline is key
https://phys.org/news/2014-05-consumer-behavior-response-discipline-key.html

38. Task aversiveness and procrastination: a multi-dimensional approach to task aversiveness across stages of personal projects
https://www.sciencedirect.com/science/article/abs/pii/S0191886999000914

39. Meeting Suffering With Kindness: Effects of a Brief Self-Compassion Intervention for Female College Students
https://www.deepdyve.com/lp/wiley/meeting-suffering-with-kindness-effects-of-a-brief-self-compassion-226jniPdaM

40. Self-Compassion Promotes Personal Improvement From Regret Experiences via Acceptance
https://journals.sagepub.com/doi/abs/10.1177/0146167215623271

41. Bryan Robinson(2019)How to Break a Bad Habit and Cha-Cha Your Way to Success
https://www.bryanrobinsononline.com/2019/04/04/how-to-break-a-bad-habit-and-cha-cha-your-way-to-success/

42. Aukje A. C. Verhoeven, Marieke A. Adriaanse, Denise T. D. de Ridder, Emely de Vet, and Bob M. Fennis (2013). Less is more: The effect of multiple implementation intentions targeting unhealthy snacking habits.
https://onlinelibrary.wiley.com/doi/abs/10.1002/ejsp.1963

43. Paradoxical interventions: A meta-analysis.
https://psycnet.apa.org/record/1987-16313-001

44. The effectiveness of psychotherapy. The Consumer Reports study.
https://www.ncbi.nlm.nih.gov/pubmed/8561380

45. Quinn, J. M., Pascoe, A., Wood, Wendy, and Neal, D. T. (2010) Can't control yourself? Monitor those bad habits.
https://www.ncbi.nlm.nih.gov/pubmed/20363904

46. Wood, Wendy (2013) On ruts and getting out of them. Science. 336: 980-981
https://science.sciencemag.org/content/336/6084/980/tab-article-info

47. The Science of Behavior Change(2018) Program Snapshot
https://commonfund.nih.gov/behaviorchange

48. The Craving Mind: From Cigarettes to Smartphones to Love – Why We Get Hooked and How We Can Break Bad Habits（Judson Brewer（著）、Kabat-Zinn Ph.D., Jon（はしがき））（Yale University Press）
https://www.amazon.co.jp/exec/obidos/ASIN/0300223242/ref=nosim?tag=maftracking142669-22&linkCode=ure&creative=6339

49. Get thee to the gym! A field experiment on improving exercise habits
https://www.sciencedirect.com/science/article/pii/S2214804317300861

50. ART MARKMAN（2013）Six Ways to Help People Change　If you want to help someone reach their goals, follow these steps.
https://greatergood.berkeley.edu/article/item/six_ways_to_help_people_change

51. NATHAN AZRIN(1994)Behavioral and Pharmacological Treatments for Tic and Habit Disorders: A Review
https://www.ncbi.nlm.nih.gov/pubmed/7884015

52. Gesine Dreisbach et al. (2014).Don't Do It Again! Directed Forgetting of Habits
https://journals.sagepub.com/doi/abs/10.1177/0956797614526063

『セルフ・コンパッションーあるがままの自分を受け入れる』（クリスティーン・ネフ（著）、石村郁夫（翻訳）、樫村正美（翻訳））（金剛出版）

『DIAMOND ハーバード・ビジネス・レビュー 2019 年 5 月号 [雑誌] (セルフ・コンパッション)』（ダイヤモンド社）

『セルフ・コンパッションのやさしい実践ワークブック』（ティム・デズモンド（著）、中島美鈴（翻訳））（星和書店）

『幸福になりたいなら幸福になろうとしてはいけない：マインドフルネスから生まれた心理療法 ACT 入門』（ラス・ハリス（著）、岩下慶一（翻訳））（筑摩書房）

『相手は変えられない ならば自分が変わればいい：マインドフルネスと心理療法 ACT でひらく人間関係』（ラス・ハリス（著）、岩下慶一（翻訳））（筑摩書房）

『WILLPOWER 意志力の科学』（ロイ・バウマイスター（著）、ジョン・ティアニー（著）、渡会圭子（翻訳））（インターシフト）

1. 人生の 50%以上を占める習慣的行動を操る【5つの超習慣術】
https://www.youtube.com/watch?v=2q3PP4z-NsE&feature=youtu.be

2、4. Habits in Everyday Life: Thought, Emotion, and Action
https://pdfs.semanticscholar.org/dac6/ddda7bc9e733d5bf4df12dd1d4d6c6251faa.pdf

3. The Unbearable Automaticity of Being
https://pdfs.semanticscholar.org/0eb5/b71df161fcf77024bdb4608337eedc874b98.pdf

5. 良い習慣をガッツリ増やすためのハーバード式「20 秒ルール」
https://yuchrszk.blogspot.com/2014/10/20.html

6. 『幸福優位7つの法則　仕事も人生も充実させるハーバード式最新成功理論』(ショーン・エイカー(著)、高橋由紀子(翻訳))(徳間書店)
https://www.amazon.co.jp/dp/B07M8L2MB1/kamakiri1163-22

7. 行動経済学がオススメする新年の目標を達成するための5つの技術
https://yuchrszk.blogspot.com/2014/01/blog-post_5.html

8. 習慣化に必要な「1週間の回数」と「続ける時間」のガイドラインはこれだ！みたいなお話
https://yuchrszk.blogspot.com/2019/04/1.html

9. 「21 日間続ければ何でも習慣になる！」……わけじゃないらしい
https://yuchrszk.blogspot.com/2013/09/21.html

10. Fournier, M., d'Arripe-Longueville, F., Rovere, C., Easthope, C. S., Schwabe, L., El Methni, J., & Radel, R. (2017). Effects of circadian cortisol on the development of a health habit.
https://www.ncbi.nlm.nih.gov/pubmed/28650196

11、12、17、26、34. Stick with It: A Scientifically Proven Process for Changing Your Life-for Good (Sean D. Young (著)) (Harper)
https://www.amazon.co.jp/Stick-Scientifically-Process-Changing-Life/dp/0062692860

13. 目標達成にはやっぱり「if-then プランニング」が最強説
https://yuchrszk.blogspot.com/2017/05/if-then.html?m=0

14. Implementation Intentions and Goal Achievement: A Meta-Analysis of Effects and Processes
https://www.researchgate.net/publication/37367696_Implementation_Intentions_and_Goal_Achievement_A_Meta-Analysis_of_Effects_and_Processes

15、19. Does forming implementation intentions help people with mental health problems to achieve goals? A meta-analysis of experimental studies with clinical and analogue samples.
https://www.ncbi.nlm.nih.gov/pubmed/25965276

16. Do implementation intentions help to eat a healthy diet? A systematic review and meta-analysis of the empirical evidence.
https://www.ncbi.nlm.nih.gov/pubmed/21056605

18. 悪い習慣が確実に治る「if-then プランニング」超入門
https://yuchrszk.blogspot.com/2013/11/if-then.html?m=0

20. 豆腐のようなメンタルを強化する「自動思考キャッチトレーニング」の基本
https://yuchrszk.blogspot.com/2017/01/blog-post_14.html

21. A brief intervention to improve exercising in patients with schizophrenia: a controlled pilot study with mental contrasting and implementation intentions (MCII)
https://bmcpsychiatry.biomedcentral.com/articles/10.1186/s12888-015-0513-y

22. Experiences of habit formation: a qualitative study.
https://www.ncbi.nlm.nih.gov/m/pubmed/21749245/

23. How to Maximize Implementation Intention Effects
https://www.researchgate.net/publication/281450400_How_to_Maximize_Implementation_Intention_Effects

24. Henry L. Roediger(2017) Seven science-backed tips for forming habits that stick

25、27. Susan Weinschenk(2019)The Science Of Habits Think habits are hard to create or change? Not if you use the research.

28. Day-to-day mastery and self-efficacy changes during a smoking quit attempt: Two studies.
https://www.ncbi.nlm.nih.gov/pubmed/29333730

29. Does habit strength moderate the intention–behaviour relationship in the Theory of Planned Behaviour? The case of fruit consumption
https://www.tandfonline.com/doi/abs/10.1080/14768320601176113

30. Habit Formation and Rational Addiction: A Field Experiment in Handwashing
https://hbswk.hbs.edu/item/habit-formation-and-rational-addiction-a-field-experiment-in-handwashing

31. Use of the Fitbit to Measure Adherence to a Physical Activity Intervention Among Overweight or Obese, Postmenopausal Women: Self-Monitoring Trajectory During 16 Weeks.
https://www.ncbi.nlm.nih.gov/pubmed/26586418

32. Francesca Gino et al.(2016)The Role of Incentive Salience in Habit Formation
https://www.hbs.edu/faculty/Publication%20Files/16-090_00863c58-66fe-4f4a-9a96-c868845f1f12.pdf

［著者プロフィール］

メンタリストDaiGo（だいご）

慶應義塾大学理工学部物理情報工学科卒業。人の心をつくることに興味を持ち、人工知能記憶材料系マテリアルサイエンスを研究。英国発祥のメンタリズムを日本のメディアに初めて紹介し、日本唯一のメンタリストとして数百のTV 番組に出演。現在は、企業のビジネスアドバイザーやプロダクト開発、作家としても活動中。また読書家として年間3000冊以上の書籍や学術論文を読み、ニコニコ動画、YouTubeで解説動画を配信。

会員数は、YouTube約146万人、ニコニコ有料チャンネル10万人を突破。開設以来驚異的な伸び率を更新し続けている。

近刊に、『最短の時間で最大の成果を手に入れる 超効率勉強法』（学研プラス）、『無理なく限界を突破するための心理学 突破力』（星雲社）ほか、ベストセラー多数。

●オフィシャルサイト
http://daigo.jp
●ニコニコチャンネル／メンタリストDaiGoの「心理分析してみた！」
https://ch.nicovideo.jp/mentalist

［ブックデザイン］奥定泰之
［カバー撮影］松橋晶子
［スタイリング］松野宗和
［ヘアメイク］永瀬多壱（VANITES）

短期間で〝よい習慣〟が身につき、人生が思い通りになる！

超習慣術

発行日――――2019年11月10日　初版第1刷発行
著者――――メンタリストDaiGo
執筆協力――内池久貴
編集協力――小嶋優子
発行者――――赤井　仁
発行所――――ゴマブックス株式会社
〒107-0062　東京都港区南青山6丁目6番22号
印刷・製本――株式会社綜合印刷

ISBN978-4-8149-2067-9